# DIE GROSSE ZEIT DES BIEDERMEIER

1815–1845

DOMINIC R. STONE

# DIE GROSSE ZEIT DES BIEDERMEIER

## 1815–1845

XENOS

Deutsche Ausgabe:
ISBN 3-8212-0995-5

Am Hehsel 40, 2000 Hamburg 63
Übersetzt aus dem Englischen von Beate Wellmann, Heidelberg
Einbandgestaltung: Künne + Künne Werbeagentur, Hamburg
Satz: KCS GmbH, Buchholz/Hamburg
Printed in CSFR

Die englische Originalausgabe erschien 1990 unter dem Titel
»The Art of Biedermeier«
im Verlag Quintet Publishing Limited
6 Blundell Street, London N7 9BH

# INHALT

# EINLEITUNG: DAS BIEDERMEIER

Auch wer nur geringes Interesse an antiken Möbeln hat, wird schon einmal etwas vom Biedermeierstil gehört haben. Es ist ein häufig gebrauchter – und manchmal auch mißbrauchter – Begriff für eine bestimmte Art von Möbeln des deutschsprachigen Raums im frühen 19. Jahrhundert. Man verbindet damit die Vorstellung von einem Stil, der schlicht und zugleich üppig ist, von ruhigem Selbstbewußtsein, das sich in Kunst- und Einrichtungsgegenständen niederschlägt, die manchmal erstaunlich modern anmuten. Kühne, gewagte Designs, die nichts mehr zu tun haben mit der Überladenheit früherer Stile, und Anleihen an die klassische Architektur, die manchmal etwas Theatralisches haben, sind charakteristisch für die Möbel der Biedermeierzeit. Aber, was ist Biedermeier eigentlich? Woher kommt es? Woran erkennt man es? Ist es eigentlich ein Stil oder nicht vielmehr ein geschichtlicher Zeitabschnitt?

Um die Definition von Biedermeier, um seine zeitliche, stilistische und geographische Begrenzung, hat es jahrzehntelang Auseinandersetzungen vor allem zwischen deutschen und österreichischen Kunsthistorikern gegeben. Diese Streitigkeiten sollen uns hier jedoch nicht interessieren, in diesem Buch geht es um die faszinierenden Möbel und Kunstgegenstände, die in einer einzigartigen Epoche der europäischen Geschichte entstanden sind. Die verspielten, phantasievollen Möbelentwürfe der Wiener Möbelfabrik des Josef Danhauser, die Kunst der böhmischen Glasbläser und Graveure, die ausgewogene Architektur von Karl Friedrich Schinkel in Berlin und vieles andere mehr sind Ausdruck der Kultur des Biedermeier. Wenn man sich näher mit dem Thema

**Links:** Samuel Prout (1783–1852): Nürnberg

befaßt, stellt man fest, daß all dies seinen Ursprung in einer Idee, in einer Lebensweise hat, die auch die Musik von Beethoven und Schubert und die Literatur Adalbert Stifters entstehen ließ.

## DER NAME »BIEDERMEIER«

Der Name »Biedermeier« als Bezeichnung für die Kunst und Kultur der deutschsprachigen Länder in der ersten Hälfte des 19. Jahrhunderts ist ausgesprochen ironisch. Das Wort selbst geht zurück auf das Pseudonym des Arztes Adolf Kußmaul (1822 bis 1902) und des Schriftstellers Ludwig Eichrodt (1827– 1892), die in der satirischen Zeitschrift »Fliegende Blätter« Gedichte veröffentlichten, und schrieb sich damals noch »Biedermaier«.
Es war der Name eines imaginären Autors, Gottlieb Biedermaier, dessen Werk Haltung und Streben seiner Generation persiflieren sollte.
Wie so viele andere Namen, die als spöttische oder abfällige Bezeichnung künstlerischer oder kultureller Bewegungen der Vergangenheit geprägt wurden, wie z. B. auch Barock, Rokoko und Gotik, war der Begriff in seiner

**Oben:** James Baker Payne (1800–1870): Blick auf Heidelberg mit dem Schloß im Vordergrund. Aquarell.

ursprünglichen Bedeutung keineswegs schmeichelhaft, sondern ausgesprochen sarkastisch. Er bezog sich zunächst nur auf den Bereich der Literatur; erst später wurde er auch auf die schönen und angewandten Künste ausgedehnt und bezeichnete dann einfach alles, was als rückständig und engstirnig galt in der kurzen Epoche des Vormärz, d. h. der Jahre zwischen 1815 (Wiener Kongreß) und 1848, als die Ideen der Französischen Revolution auch im österreichischen Kaiserreich zu einer Revolution führten.

## DIE BIEDERMEIERZEIT

Der Wiener Kongreß, eine Konferenz der fünf wichtigsten Mächte Europas, die in den Jahren 1814 und 1815 abgehalten wurde, war das Ende der Napoleonischen Kriege, die seit 1799 auf dem Kontinent gewütet hatten. Damit begann eine Zeit des Friedens und der Sicherheit in Mitteleuropa, und das Österreichische Kaiserreich hatte bedeutende Vorteile von den dort gefaßten Beschlüssen. Alte Territorialstreitigkeiten wurden endlich beigelegt, und dank einiger Kom-

**Links:** William Wyld (1806–1889): Dresden

**Rechts oben:** Ranftbecher mit dem Porträt des Herzogs von Reichstadt. Anton Kothgasser, um 1832.

**Rechts unten:** Ranftbecher, vergoldet, mit einer Abbildung des Wiener Stephansdoms. Der Dom war ein besonders beliebtes Motiv für diese Dekorationsstücke.

promisse auf diesem Gebiet konnte die Donaumonarchie nun über ein aufblühendes, ruhiges Reich herrschen und großen Einfluß auf die Staaten des Deutschen Bundes, das heutige Deutschland, ausüben. Die Napoleonischen Kriege hatten Österreich finanziell so weit ruiniert, daß ein Gesetz erlassen wurde, demzufolge jeder Bürger sein Gold und Silber abliefern mußte, damit es eingeschmolzen werden konnte, um so die Kosten des Krieges zu zahlen. Die immer wieder von neuem aufflackernden Kämpfe und unvorhersehbaren Schlachten hatten Kaufleute und Händler das Vertrauen in den Staat verlieren lassen und sich negativ auf ihre Moral ausgewirkt.

Die neue Zeit des Friedens brachte Sicherheit und Wohlstand, verlangte jedoch auch ihre Opfer. Die Regierung des Österreichischen Kaiserreiches, zu dessen Staatsgebiet das heutige Österreich, Ungarn und ein Großteil der heutigen westlichen Tschechoslowakei (Böhmen) gehörte, war sich der Gefahr bewußt, daß die Ideen der Französischen Revolution von 1789 auch in ihrem Reich zu Umwälzungen führen könnten, und schränkte politische und publizistische Aktivitäten stark ein. Die Macht des Zensors war nahezu unbegrenzt, Bücher, Zeitungsartikel, Illustrationen und Theaterstücke mußten ihm zur Prüfung vorgelegt werden; daneben gab es Reisebeschränkungen und strenge Einfuhrbestimmungen für Druckerzeugnisse in die Städte. Gleichzeitig entstand durch den aufblühenden Handel mit den ehemaligen Feinden, darunter Frankreich, Preußen und Großbritannien, eine neue, sehr viel größere Bürgerschicht. Diese Kaufleute und wohlsituierten Bürger waren die typischen Vertreter des Biedermeier: relativ wohlhabend, vorwiegend städtisch, auf Häuslichkeit und Sicherheit bedacht. Politische Aktivitäten waren ihnen weitgehend versagt, was sie allerdings nicht weiter zu stören schien; die meisten von ihnen genossen das noch nie dagewesene Wirtschaftswachstum und den steigenden Lebensstandard und hatten in Anbetracht der Schrecken der jüngsten Vergangenheit wenig Lust, sich auf Konfrontation und Konflikte einzulassen. Statt dessen konzentrierte sich ihr ganzes Sinnen und Trachten auf Haus und Familie, auf Kunsthandwerkliches und Kunst, auf Musik und Gesellschaftsleben.

Eine neue Kundenschicht führte zur Wiederbelebung und Stärkung des alteingesessenen Kunsthandwerks und wurde so zum Hauptfaktor bei der Geburt eines neuen Stils, der ganz anders war als die Überladenheit und Pracht von Barock und Rokoko. Mit zunehmender Besserstellung breiterer Bevölkerungskreise ließ der Wunsch nach Zurschaustellung des Wohlstands nach und machte einem Streben nach Bequemlichkeit und Nützlichkeit Platz.

Biedermeiermöbel und -einrichtungsgegenstände sind in den letzten Jahren in Großbritannien und den USA immer beliebter geworden. Auf dem europäi-

**Oben:** Samuel Prout (1783–1852): Köln, mit dem berühmten Dom im Hintergrund

schen Kontinent dagegen hat das Biedermeier schon seit seiner »Wiederentdeckung« Anfang dieses Jahrhunderts Architekten und Designer stetig beeinflußt. Persönlichkeiten wie Josef Hoffmann und der Schweizer Architekt Le Corbusier haben sich dieses Stils angenommen.

Dennoch besteht auch weiterhin eine gewisse Unsicherheit darüber, was genau denn nun diesen Stil ausmacht, welche Dinge man als repräsentativ dafür ansehen kann. Diese Unklarheit wird eher verständlich, wenn man sich den historischen und geographischen Ursprung des Begriffs vor Augen führt. Zudem hat es seit »Ende« der Stilepoche 1848 verschiedene »Neuauflagen« des Stils gegeben, was die Verwirrung komplett macht.

Das Wissen und Können der Handwerker und Künstler der Biedermeierzeit hat allmählich zugenommen, so daß wir heute ein bemerkenswertes Bild einer bemerkenswerten Epoche in der Geschichte des ehemaligen kulturellen und politischen Zentrums von Europa vor uns haben.

# DAS LEBEN IN DER BIEDERMEIERZEIT: WIENER KULTUR UND GESELLSCHAFT 1815–1848

**Links:** Von dem Antiquitätenhändler Rupert Cavendish rekonstruiertes Biedermeierzimmer, bestehend aus einem Sekretär, Birkenholz mit Mahagoni (Deutschland, um 1820), einem Birkenholzsofa (Schweden, um 1830), einem Lehnstuhl aus Birkenholz (Deutschland, um 1820), einem Stuhl und einem Hocker aus Birkenholz im Vordergrund (Schweden, um 1830) und einem Tisch aus Rüster (Schweden, um 1840).

Das politische Leben in den Jahren zwischen dem Wiener Kongreß 1814–1815 und der Revolution von 1848 wird häufig als *Vormärz* bezeichnet. Es war eine Zeit strenger Restriktionen in politischer und gesellschaftlicher Hinsicht. Kunst und Kultur dieser Zeit – das, was wir als Biedermeier bezeichnen – verdanken mit Sicherheit viele ihrer typischen Merkmale diesem politischen Hintergrund. Es gibt auch durchaus interessante Gegensätze zwischen diesen beiden sich widersprechenden Seiten des Lebens. Während sich in politischer Hinsicht praktisch nichts tat, weil jeder Versuch in dieser Richtung von der Polizei im Keim erstickt wurde, blühte das kulturelle Leben. Die Zeit nach dem Wiener Kongreß stand ganz im Zeichen der Zensur, da die Regierung die Veränderungen, die seit der Französischen Revolution in ganz Europa stattfanden, in ihrem Lande keinesfalls dulden wollte. Um verstehen zu können, weshalb Metternich – mehr als drei Jahrzehnte lang die Schlüsselfigur der österreichischen Regierung – und seine Verbündeten eine geradezu krankhafte Angst vor Revolution und Aufstand hatten, und um zu begreifen, welche Folgen dies für das Leben im damaligen Österreich hatte, muß man einen kurzen Blick auf die Geschichte der Region in der Zeit um den Wiener Kongreß werfen.

## DER GESCHICHTLICHE HINTERGRUND

In den letzten Jahren des 18. Jahrhunderts hatten sowohl Preußen als auch Rußland neue Gebiete hinzugewonnen, meist auf Kosten Polens. Österreich, zu dessen Staatsgebiet damals das heutige Österreich, Ungarn und die westliche Tschechoslowakei gehörten, sah sich gezwungen, mit seinem großen und immer mächtigeren Nachbarn, dem russischen Zarenreich, zu arrangieren. Österreich und Preußen wollten unabhängig voneinander Bündnisse mit Rußland eingehen. Die alten politischen und territorialen Auseinandersetzungen zwischen den beiden Staaten bewirkten, daß jeder großen Nutzen aus dieser Partnerschaft ziehen würde. Kriege und kleinere Gefechte in diesem Gebiet verstärkten die finanziellen Schwierigkeiten Österreichs und trugen dazu bei, es von Handel und Kultur des Auslands zu isolieren. Vor diesem Hintergrund der Spannungen bedeutete die Französische Revolution eine neue und völlig andere Bedrohung für die Herrschenden in Wien. Die Angst vor inneren Unruhen, einer Volkserhebung gegen Monarchie und Aristokratie, wurde von Fürst Klemens Lothar Wenzel von Metternich, dem österreichischen Diplomaten und Außenminister, der beim Wiener Kongreß eine Schlüsselrolle gespielt hatte, sehr ernst genommen. Paris war am 31. März 1814 von den Verbündeten, darunter Rußland, Preußen und Österreich, überrannt worden, Napoleon hatte kurz darauf abgedankt, und so war ein neues Vakuum in der politischen Führung und militärischen Überlegenheit Europas entstanden.

Der Wiener Kongreß war im Grunde genommen eine Friedenskonferenz, an

**Rechts:** Kommode aus Obstbaumholz und Nußbaum. Die kunstvolle Schnitzerei ist aufgesetzt; beachten Sie auch die verspielte Verzierung der Füße.

der die Vertreter fast aller europäischen Staaten teilnahmen, und sollte von Österreichs Standpunkt aus gesehen dazu beitragen, das Legitimitätsprinzip oder Gottesgnadentum fest zu verankern und die fünf wichtigsten Nationen in einem Gleichgewicht der Mächte zu vereinen, das ein festes Bollwerk gegen jegliche revolutionären Tendenzen bieten sollte. Es war eine Ironie des Schicksals, daß Kaiser Franz I. (1768–1835) außerstande war, selbst Einfluß auf die Dinge zu nehmen, die in seinem Namen ausgeführt werden sollten – so groß war die Macht Metternichs in Österreich. Das Prinzip des Gottesgnadentums ist sowohl Herzog Charles Maurice von Talleyrand (1754–1838) als auch Metternich zugeschrieben worden; es kann jedoch kaum Zweifel daran bestehen, daß beide Männer gleichermaßen davon überzeugt waren, daß man einer Monarchie bedürfe, um Frieden und Ordnung zu gewährleisten. Die fünf wichtigsten Kongreßteilnehmer – Österreich, Rußland, Großbritannien, Preußen und Frankreich – einigten sich über eine Reihe von Kompromissen, die zur Beendigung der Napoleonischen Kriege führten und allgemein zum ersten Mal seit Jahrzehnten die außenpolitischen Beziehungen zwischen den europäischen Staaten festigten und so eine größere soziale und kulturelle Entwicklung möglich machten. Ein Hauptanliegen des Kongresses bestand darin, die politische Situation von vor 1792, d. h. vor den Gebietsgewinnen Napoleons, wiederherzustellen.

**Links:** Tisch aus Birkenholz. Schweden, um 1830–1840

In Metternichs Augen erhöhte diese neue äußere Stabilität lediglich die Gefahr von wachsender politischer Unruhe und Opposition im eigenen Lande, und so wurde im September 1815 die Heilige Allianz gegründet. Es handelte sich dabei um den Zusammenschluß nationaler Regierungen, darunter das katholische Österreich, das griechisch-orthodoxe Rußland und das protestantische Preußen, die ihren Regierungsanspruch auf göttliches Recht begründeten. Das Ergebnis für Österreich bestand in einer erzwungenen internen Stabilität, auf Kosten von Bürgerfreiheiten und dem Recht auf freie Meinungsäußerung. Ein weiteres Resultat des Wiener Kongresses war die Gründung des Deutschen Bundes, des politischen Bündnisses von 39 Staaten, darunter Österreich, das eine vorherrschende Rolle spielte, und Preußen. Ferner führten die Beschlüsse des Kongresses dazu, Österreich, insbesondere Wien, zum politischen und kulturellen Mittelpunkt der Region zu machen, eine Rolle, die große Auswirkungen auf die Entwicklung der Kultur des Biedermeier in den folgenden drei Jahrzehnten haben sollte.

**Rechts:** Carl Spitzweg (1808–1885): *Der Sonntagsjäger.* Ölfarbe auf Leinwand, 1844. Das humorvolle Gemälde könnte Herrn Biedermeier persönlich zeigen, den soliden, unprätentiösen, wohlhabenden Bürger, mit einer Sehnsucht nach dem Landleben, dem er aber keinesfalls gewachsen ist, wie er hier im Wald den Gutsherrn spielt.

## DAS POLITISCHE KLIMA

Die »Regierung von Gottes Gnaden« wurde in Österreich mit Hilfe eines autoritären Systems von Kontrollen und Zensur durchgesetzt, dem nicht nur die Presse, sondern auch jegliche Veranstaltung unterlag, die in irgendeiner Weise als politisch angesehen werden konnte. Den Österreichern wird dies als ein geringer Preis für die Befreiung von Not und Angst der Kriegsjahre erschienen sein. Die Idee, eine Zensur einzuführen, war keineswegs neu: Sie hatte in Österreich schon lange bestanden, wurde jedoch nach dem Wiener Kongreß verschärft. Die staatlichen Zensoren hatten einen erstaunlich umfangreichen Kompetenzbereich: Nicht nur Druckerzeugnisse mit offensichtlich politischem Potential wie Bücher, Flugblätter und Zeitungen, sondern auch Illustrationen und Theaterstücke wurden einer genauen Kontrolle unterzogen. Zusätzlich gab es strenge Bestimmungen für Dinge, die auf den ersten Blick wenig subversives Potential zu enthalten scheinen, wie Landkarten, Straßenschilder und andere öffentlich gezeigte Texte. Selbst hochangesehene Schriftsteller und Illustratoren waren Beschränkungen unterworfen, die häufig willkürlich und darauf angelegt erschienen, einzuschüchtern und so zu einer freiwilligen Selbstkontrolle zu führen.

Das Betätigungsfeld der österreichischen Geheimpolizei ging weit über die Überprüfung von Veröffentlichungen und Druckerzeugnissen hinaus. Beson-

ders in den Städten gab es überall Spitzel, es galt als patriotische Pflicht, Privatunterhaltungen zu belauschen und den Inhalt, wenn nötig, den Behörden mitzuteilen.

Leicht übertriebene Vorsicht war nicht ungerechtfertigt bei einem System, das sich schon durch die geringste Kritik angegriffen fühlte, und daher wurden die meisten politischen Diskussionen hinter verschlossenen Türen im eigenen Hause geführt. Allerdings war die bürgerliche Mittelschicht so erleichtert darüber, daß der Krieg endlich vorbei war, und genoß die Früchte der kulturellen und wirtschaftlichen Erholung, daß ihr – zumindest zunächst – nicht der Sinn nach politischer Betätigung stand.

In der offiziellen Rechtfertigung der Maßnahmen, die manchem Künstler und Schriftsteller sicher als unnötig strenge Kontrolle seiner Arbeit erschienen, taucht immer wieder der Hinweis auf die Bedeutung von Frieden und gesellschaftlicher Harmonie auf. Dies war keineswegs als Zynismus gedacht: Metternich und sein Kollege Friedrich von Gentz waren wirklich davon überzeugt, daß Blutbad und Zerstörungen, wie Frankreich sie nach der Revolution zweieinhalb Jahrzehnte zuvor erlebt hatte, nur verhindert werden konnten, indem man politische Bestrebungen nur zuließ zur Unterstützung eines klar definierten, traditionellen monarchistischen Staates.

Zudem scheinen die Bemühungen der Regierung, eine passive Haltung im Bürgertum zu erzeugen, für den größten Teil der Biedermeierzeit von Erfolg gekrönt gewesen zu sein. Das Interesse an öffentlichen Angelegenheiten schwand, man widmete sich statt dessen der Familie, dem Heim und dem häuslichen Leben im allgemeinen. Steckenpferde und Freizeitbeschäftigungen wurden wieder sehr wichtig genommen, ebenso erhielten Arbeiten wie Sticken und Nähen einen neuen Stellenwert. In der Karikatur des typischen Bürgers des Vormärz wurden all die Merkmale gezeigt, die man später so verächtlich belächelte.

Herr Biedermeier wurde dargestellt als ein bescheidener, anspruchsloser, aber recht langweiliger Mann, der weiß, was er mag, und das mag, was er kennt. Er ist ausgesprochen ehrbar, ziemlich phantasielos, kurz gesagt, ein solides, verläßliches Mitglied der Gesellschaft, das viel zu sehr mit seiner eigenen kleinen Welt beschäftigt ist, als daß es sich um gefährliche Reden von Revolution und internationalen Angelegenheiten kümmern könnte.

**Rechts:** Sofatisch aus Birkenholz und zwei Stühle mit ebenholzfarben gebeizten Einlegearbeiten. Schweden, um 1830. Die goldenen Beschläge an den Stuhllehnen weisen auf den Einfluß des Empire hin. Das Ölgemälde von einem Birkenwald stammt aus Rußland. Ebenfalls um 1830.

**Rechts:** Emil Jacob Schindler: Sonnenlichtdurchflutetes Kiefernwäldchen. Aquarell und Gouache.

**Links:** Unbekannter Maler: Landschaft. Ölfarbe, frühes 19. Jahrhundert. Dieses Bild ist in vieler Hinsicht charakteristisch für die Einstellung des Biedermeierbürgers zur Natur. Großformatig und mit viel Tiefenwirkung wird die Landschaft dargestellt, die Figuren der Landbevölkerung sind stark idealisiert.

# DAS KULTURELLE LEBEN

Das politische Leben in der Biedermeierzeit war zwar von Selbstzufriedenheit und Beschränktheit gekennzeichnet, Kultur und Ästhetik hingegen erlebten eine neue Blütezeit. Wien wurde zu einem kosmopolitischen Zentrum für Handel, Bildung und Gesellschaftsleben. Handwerker und Künstler aus der Provinz und aus den deutschen Staaten kamen nach Wien, um dort ihre Lehrzeit abzuschließen und eine Werkstatt zu eröffnen.

Die Arbeitsweise in Handwerk und Kunsthandwerk, darunter Textilherstellung, Möbelbau, Glas- und Keramikarbeiten, war fast während der ganzen ersten Hälfte des 18. Jahrhunderts ständig Veränderungen unterworfen, da der Einfluß der Zünfte durch die völlig anderen Anforderungen der industriellen Herstellung ersetzt wurde. Obwohl Wien nach heutigen Verhältnissen keine große Stadt war – es hatte insgesamt weniger als 300 000 Einwohner –, fand dort ein lebhafter Austausch neuer Moderichtungen mit dem Ausland statt. Es konnte mit Stolz auf mehrere private und staatliche Schulen und Akademien verweisen, darunter das *Wiener Polytechnische Institut,* die *Akademie der Bildenden Künste* und Karl Schmidts hochgeschätzte Zeichenschule. Die Aufhebung der Handelsbeschränkungen und die Verbesserung der schwierigen Transportverbindungen, die die wirtschaftliche Entwicklung in den 15 Jahren vor dem Wiener Kongreß behindert hatten, gaben Österreichs Künstlern und Handwerkern neuen Ansporn. Die Konkurrenz der englischen Glaswaren und in geringerem Umfang der englischen Möbel wirkte außerordentlich stimulierend und gab den Anstoß zu technischen Neuerungen.

Am bekanntesten von der österreichischen Kultur der Biedermeierzeit ist wohl das Werk ihrer Komponisten. Ludwig van Beethoven (1770–1827) und Franz Schubert (1797–1828) kommen einem dabei sofort in den Sinn, es gab jedoch noch eine ganze Reihe weiterer, weniger begabter Künstler, die vorwiegend in Wien lebten und arbeiteten. Der Schwerpunkt lag eher auf »leichter« Muse und Tanzmusik als auf »ernsteren« Werken, wie dem Beethovens. Das Leben als Berufskomponist war keineswegs einfach, da nach dem Wiener Kongreß 1815 die bis dahin übliche Unterstützung durch den Hof eingestellt wurde. Partituren zu veröffentlichen war nun eine Alternative zu Auftragsarbeiten, mit der ein Komponist seinen Lebensunterhalt bestreiten konnte, da so mancher Amateurpianist geneigt war, sich im häuslichen Kreise an weniger anspruchsvollen Stücken selbst zu versuchen.

Auch bei gesellschaftlichen Veranstaltungen spielte Musik eine große Rolle.

Die Walzer von Johann Strauß dem Älteren (1804–1849) haben das Bild, das man sich auch heute noch vom Wiener Gesellschaftsleben macht, ganz wesentlich mitgeprägt.

Vor allem die städtische Mittelschicht entwickelte nun eine Vorliebe für die österreichische Landschaft und die freie Natur überhaupt. Auch in den besseren Vierteln Wiens nahm die Bevölkerungsdichte zu. Vielleicht war dies der Grund für die Schaffung von Park- und Gartenanlagen in den Städten, wie dem Wiener Prater und dem Berliner Lustgarten. Die Entdeckung der Schönheit der Natur ist eng verknüpft mit der Bewegung der Romantik im späten 18. und frühen 19. Jahrhundert, und zwar ganz besonders mit den Dichtern und Schriftstellern des *Sturm und Drang* in Deutschland und Österreich, die sich gegen die rationalistischen und wissenschaftlichen Strömungen des 18. Jahrhunderts zur Wehr setzten. Nun wurde die Natur auch ins Haus geholt, Jardinieren und naturalistische Arrangements von Zimmerpflanzen kamen groß in Mode. Noch deutlicher wird die Wiederentdeckung der Natur in zeitgenössischen Gemälden, die heimische Bergwelt war ein überaus beliebtes Motiv. Die ständig zunehmende Verstädterung und Industrialisierung im frühen 18. Jahrhundert scheint eine neuerwachte Sehnsucht nach der Natur hervorgerufen zu haben. Im vorangegangenen Jahrhundert, in dem die Mehrheit der Bevölkerung ein recht karges Leben in dem feudalen Agrarstaat führte, wäre eine solch romantische Auffassung von ländlicher Idylle wohl kaum möglich gewesen.

Zweifellos waren es die Schriftsteller, die am meisten unter den Zensurbestimmungen im Österreich des Vormärz zu leiden hatten. Viele der Romanautoren und Dichter jener Zeit reagierten auf die Beschränkungen, die ihnen auferlegt waren, ähnlich wie auch die übrige Gesellschaft: Sie befaßten sich mit dem häuslichen Leben und der Familie, mit der Kunst und dem Detail. Der bedeutendste Schriftsteller jener Zeit, Adalbert Stifter (1805–1868), hatte seine produktivste Phase am Ende der Biedermeierzeit. In seiner Prosa beschreibt er uns den Hang des Biedermeier zu Natur und Natürlichem, eine Neigung, die von der zeitlich und geographisch bedeutenderen Bewegung der Romantik aufgenommen wurde. Sein Werk *Wien und die Wiener, in Bildern aus dem Leben* ist ein aufschlußreiches Zeugnis der Stadt und ihrer Bewohner in den Jahren vor der Revolution von 1848.

Ein anderer Schriftsteller, Franz Grillparzer (1791–1872), ist vor allem aufgrund seiner Schauspiele bekannt. Sein Stück *König Ottokars Glück und Ende* durfte wegen seines angeblich politischen Inhalts zwei Jahre lang nicht aufgeführt werden.

# VERÄNDERUNGEN

Ein wichtiger Faktor, der die Gesellschaft des Biedermeier zunehmend beeinflußte, waren die allmähliche Industrialisierung und die Mechanisierung der Industrie. Die industrielle Revolution setzte sich in Österreich und Deutschland viel langsamer durch als in Großbritannien. 1816 lebten noch mehr als 90 Prozent der Bevölkerung auf dem Lande. Der Import von Maschinen und Ideen aus England und Frankreich führte jedoch zu entscheidenden Veränderungen auf Gebieten wie der Herstellung von Haushaltswaren. Werkstätten und kleine Fabriken ersetzten immer häufiger den Handwerksmeister im Möbelbau. Die Unternehmer entdeckten, daß sie den Produktionsablauf wirtschaftlich beschleunigen konnten, indem sie anstelle von qualifizierten Handwerkern nicht fertig ausgebildete oder ungelernte Arbeitskräfte beschäftigten, die dann in speziellen Fertigkeiten wie z. B. Drechseln ausgebildet wurden. Eine weitere Neuerung war die zunehmende Verwendung von standardisierten Mustern und Formen, was eine größere Spezialisierung von Maschinen und Arbeitskräften ermöglichte und zusätzlich die Kosten senkte. Dieser Tendenz kam die Vereinfachung der Entwürfe entgegen, ebenso wie die Abwendung von den komplizierten und arbeitsaufwendigen Ornamenten und Verzierungen bei den zeitgenössischen Möbeln.

Eine sehr wichtige gesellschaftliche Entwicklung im frühen 18. Jahrhundert in Österreich, Preußen und Süddeutschland war die Entstehung einer großen, wirtschaftlich starken Mittelschicht. Diese Bevölkerungsgruppe war es, die ganz erheblichen Einfluß auf den zukünftigen Biedermeierstil hatte. Das Biedermeier wird häufig als bürgerlicher Stil beschrieben, geschaffen von einem bürgerlichen Kunsthandwerker für einen bürgerlichen Kunden. Das neue finanzielle Selbstvertrauen der Mittelschicht und ihre Unabhängigkeit von der Aristokratie führten zu größerem Selbstbewußtsein in Geschmack und Stil. Höfische Mode war nicht mehr der Inbegriff des guten Geschmacks, und der Bürger war nun imstande, Möbel und Einrichtungsgegenstände zu wählen, die seinem Lebensstil besser entsprachen, und strebte nicht mehr danach, den Stil gesellschaftlich Höherstehender nachzuahmen. Es kam sogar so weit, daß der Biedermeierstil von der Oberschicht begeistert übernommen wurde. Selbst Möbel aus der Fabrik Josef Danhauser fanden ihren Platz in so exklusiver Umgebung wie Schloß Weilburg in Baden, der Residenz von Erzherzog Karl. Metternichs direkter Unterstützung war es zu verdanken, daß Michael Thonet

**Oben:** Sekretär mit herunterklappbarer Schreibplatte. Die kunstvollen Einlegearbeiten, Marketerien und goldenen Beschläge früherer Stücke wurden durch schlichtere Oberflächengestaltung abgelöst. Mit Einführung der Furnierschneidemaschine konnten größere Furnierstücke verwendet werden.

nach Wien kam und dort mit seinem Verfahren, Holz über Dampf zu biegen, experimentieren konnte. Diese neue Technik führte dazu, daß der Möbelbau weitgehend zu einer Domäne der Industrie wurde.

Die neuentstandene Mittelschicht verfügte über ein größeres Einkommen, das für nicht unbedingt nötige Anschaffungen oder Luxusgüter ausgegeben werden konnte, als die Mittelschicht im 18. Jahrhundert. Das Leben war jetzt weniger ein Kampf ums Überleben als ein Streben nach größerer Bequemlichkeit. Das heißt jedoch nicht, daß allenthalben Gleichheit und Zufriedenheit herrschten. An der Situation der Armen – sowohl in den Städten als auch auf dem Lande – änderte sich praktisch nichts in diesen drei Jahrzehnten. Bei der allmählichen Übernahme der Aufgaben des Handwerks durch die Industrie erlitten weniger talentierte und risikofreudige Handwerker einen Statusverlust, und ihr Lebensstandard verschlechterte sich. Andererseits war jetzt ein größerer Teil der Bevölkerung in der Lage, den Luxus zu teilen, der bis dahin das Privileg einer kleinen Elite gewesen war.

**Unten:** Birkenholzsofa mit Einlegearbeiten in Rosen- und Satinholz. Schweden, um 1820–1830. In der Lehne Abbildungen klassischer Figuren.

## DIE MÄRZREVOLUTION

Mit ihrem Bemühen, die Volksmassen mittels Zensur und strengen Auflagen niederzuhalten, hatte die Regierung Wind gesät und schließlich mit den Ereignissen von 1848 Sturm geerntet. Die Mittelschicht, die zuerst glücklich darüber gewesen war, daß endlich Friede herrschte, wurde unzufrieden mit der lästigen Bürokratie, die dem Handel im Wege stand, und der Ruf nach einer Verfassung wurde immer öfter laut.

Die Forderungen nach Redefreiheit und Abschaffung der Zensur kamen zuerst aus Studentenkreisen, aber nachdem die Armee in Wien gewaltsam gegen Menschenmengen vorgegangen war, die sich versammelt hatten, um regierungskritischen Rednern zuzuhören, wurden die Forderungen bald auch von anderen Bevölkerungsgruppen unterstützt. Eine allgemeine Welle der Unzufriedenheit, entstanden unmittelbar nach der Abdankung des französischen Königs Louis Philippe und der Gründung der Zweiten Republik in Frankreich, gipfelte in Tumulten in den Straßen Wiens. Auch die Staaten des Deutschen Bundes schlossen sich dem Protest an. Kaiser Ferdinand I. (1793–1875) mußte abdanken, und der erst achtzehnjährige Franz Josef I. (1830–1916) trat seine Nachfolge trat. Dies war der Beginn einer neuen politischen Ära in der Region, die mit dem Ausbruch des Ersten Weltkrieges endete. Metternich floh ins Exil nach England, da er im wesentlichen für die unpopulären Maßnahmen verantwortlich gemacht wurde. Das Volk hatte ihn mit dem wenig schmeichelhaften Namen *Fürst von Mitternacht* belegt.

**Links:** Hochbeinige Kommode aus Birkenholz. Deutschland, um 1820.

Die tiefgreifenden Veränderungen in der Politik der Donaumonarchie nach den Aufständen von 1848, die den Vormärz beendeten, werden häufig als der Anfang vom Ende des Biedermeierstils in Kunst und Design angesehen. Das Biedermeier in seiner reinsten Fom war jedoch schon durch den in den dreißiger Jahren des 19. Jahrhunderts aufkommenden Historismus und die Wiederbelebung des Rokoko verfälscht worden. Der Historismus verlangte den Rückgriff auf verschiedene bereits vorhandene Stilrichtungen, Gotik, Renaissance und Barock schienen, je nach Funktion des einzurichtenden Raumes, durchaus geeignet. Hinzu kam, daß die nun rasch fortschreitende Industrialisierung in der ersten Hälfte des 18. Jahrhunderts grundlegende Veränderungen in der Möbel- und Textilherstellung mit sich brachte. Maschinen, wie der Jacquard-Webstuhl, der bereits 1816 nach Österreich kam, und die Motorkreissäge, die schon zwei Jahre später verwendet wurde, schufen neue Möglichkeiten und Anforderungen im Design.

# MÖBEL IN DER BIEDERMEIERZEIT

Möbel aller Art sind wohl heute die bekanntesten und meistgesuchten Zeugnisse der Biedermeierzeit. Häufig wird der Begriff als Synonym für die Schlichtheit und Ausgewogenheit benutzt, die typisch ist für das Möbeldesign jener Zeit. Es herrscht jedoch häufig Unsicherheit darüber, was nun eigentlich den Stil ausmacht, und hier helfen auch die unterschiedlichen Auffassungen der Kunsthistoriker über bestimmte Charakteristika und die zeitliche und geographische Eingrenzung des Begriffs wenig weiter. Häufig wird der Möbelstil der Biedermeierzeit mit dem dehnbaren Begriff Klassizismus bezeichnet. Die Bezeichnung ist zwar zutreffend, wird jedoch auch für die vorangegangenen und völlig anderen Stilrichtungen des Louis-seize und Empire verwendet. Ganz allgemein kann man sagen, daß Biedermeiermöbel in Österreich und den Staaten des Deutschen Bundes hergestellt wurden, und zwar in der späten klassizistischen Periode etwa von 1810 bis 1830, und in der Übergangszeit zum Historismus, etwa von 1830 bis 1850. Vielleicht sollte man diese beiden kunsthistorischen Begriffe hier etwas näher erläutern.

Der Klassizismus als Stilrichtung bei Möbeln, Inneneinrichtung, Architektur und Kunst war eine Reaktion auf die Übertreibungen des Empire in den ersten eineinhalb Jahrzehnten des 19. Jahrhunderts.

Der Historismus, der den »reinen« Biedermeierstil von 1830 an verwässerte, war im Grunde genommen eine eklektische Modeerscheinung, bei der man auf verschiedene bereits vorhandene Stile zurückgriff, um eine Ästhetik zu schaffen, die der betreffenden Umgebung angemessen erschien. Anstatt sich an

**Links:** Mahagonischränkchen. Österreich, frühes 19. Jahrhundert. Die Ormolubeschläge und Figuren aus patinierter Bronze, die geflügelte Cupidos und Sagengestalten des klassischen Altertums darstellen, das üppige Goldlaub und die Klauenfüße sind typisch für das Rokoko und wurden im Laufe der zwanziger und dreißiger Jahre des 19. Jahrhunderts immer seltener. Die ungewöhnliche Form wurde für die Möbel des Biedermeier übernommen, jedoch vereinfacht, um die Herstellung zu erleichtern.

einen Stil halten zu müssen, hatten Designer und Kunsthandwerker nun die Qual der Wahl. Die verschiedenen Räume in ein und demselben Haus konnten – je nach ihrer Funktion – in unterschiedlichem Stil eingerichtet sein. So konnte ein Stück in dem vor allem in England so beliebten neugotischen Stil, der seine Wurzeln in der Sakralarchitektur des Mittelalters hat, ohne weiteres neben einem Möbel in nachempfundenem Rokokostil stehen.

Die Vielzahl von Typen und Stilrichtungen bei Biedermeiermöbeln macht es ausgesprochen schwer, das Biedermeier klar zu definieren, obwohl sich die Kunsthistoriker schon seit langem um eine Präzisierung des Begriffs bemühen. Man darf dabei den historischen Hintergrund nicht außer acht lassen. Das Biedermeier entstand in einer Zeit der Veränderungen; Entwicklungen in Technologie, Politik und Kunst beeinflußten ständig den Geschmack. So führte zum Beispiel die zunehmende Industrialisierung dazu, daß Möbel, die bisher vom Handwerker gefertigt worden waren, nun schon in regelrechten Fabriken hergestellt wurden. Natürlich gab es noch keine Massenproduktion im heutigen Sinne, aber Unternehmer wie Josef Danhauser stellten doch schon größere Stückzahlen von gleichen Möbeln her oder arbeiteten nach

**Unten:** Sofa. Deutschland oder Skandinavien, um 1820. Trotz des unverkennbaren Rokokoeinflusses weist das Stück schon die für Biedermeiersofas charakteristische Muschelform auf. Der Bezug ist ganz typisch für das Biedermeier.

**Rechts:** Sekretär. Norddeutschland, frühes 19. Jahrhundert. Die Einlegearbeiten und die Symmetrie und Präzision des ganzen Möbelstücks lassen die Abwendung vom Rokoko deutlich erkennen. Typisch sind auch die schlichten, sehr klein gehaltenen Messingbeschläge.

**Oben:** Sekretär. Süddeutschland, frühes 19. Jahrhundert. Die Form der Lyra, eines harfenähnlichen Instruments, ist deutlich zu erkennen. Die Saiten werden durch Rundstäbe aus Messing angedeutet.

Musterbüchern, die unterschiedliche Ausführungen eines Grundmodells vorsahen.

Neben dem Strukturwandel und der Veränderung der Arbeitsweise in der Möbelherstellung beeinflußte auch die Einführung neuer Techniken und Materialien das Design. Michael Thonet gelang es, einen neuen Möbeltyp herzustellen, der preiswert und leicht und zugleich robust und elegant war. Seine Bugholzmöbel aus miteinander verleimten Schichten von Buchenholz ermöglichten eine Standardisierung durch untereinander austauschbare Teile.

Der Architekt Friedrich Karl Schinkel trug mit seinen aus einzelnen Abschnitten zusammengesetzten Stühlen und Tischen dazu bei, die Verwendung von Gußeisen in der Möbelherstellung populär zu machen.

Vor allem war es jedoch wohl die Lebensweise in der Biedermeierzeit, bei der Heim und Familie die Hauptrolle spielten, die wesentlichen Einfluß auf die Möbelentwicklung genommen hat.

Die relative Stabilität in Politik und Gesellschaft der Donaumonarchie, der allmählich steigende Lebensstandard und die starken Einschränkungen bei politischen Aktivitäten förderten eine introspektive Haltung in der Mittelschicht und ließen es dem Bürger eher erstrebenswerter erscheinen, ein eigenes Heim als einen Staat aufzubauen. Auch die Lebensbedingungen änderten sich. Immer mehr Menschen lebten in der Stadt, die Bebauung wurde dichter, und man besaß mehr Möbel.

Bedingt durch die räumliche Enge kamen platzsparende Mehrzweckmöbel wie zum Beispiel Klapptische in Mode. Vor allem der Sekretär war sehr beliebt. Das übliche Modell, bei dem die Schreibplatte heruntergeklappt wurde, bot eine große Arbeitsfläche und mit Fächern und Schubladen viel Stauraum, alles in einem einzigen kompakten Möbelstück. Geschlossen beanspruchte so ein Sekretär nicht viel Platz, geöffnet diente er als praktischer Schreibtisch oder als Ziermöbel.

Diese Vielseitigkeit wurde mit zunehmender Enge immer wichtiger, da derselbe Raum oft verschiedenen Zwecken dienen mußte.

**Rechts:** Sekretär, Birnbaum. Mitteldeutschland, um 1830. Die Schnörkel zeigen ebenso wie die schmucklosen Säulen die Entwicklung hin zu großen, vereinfachten Verzierungen.

# WIENER MÖBELBAUER

Die Möbel des Biedermeier haben, wie so vieles andere im Stil dieser Zeit, ihren Ursprung in Wien. Nachdem mit dem Ende der Feindseligkeiten 1815 dem Import von Waren und Informationen über die neuesten Moden aus Frankreich und England nichts mehr im Wege stand, wurde Wien zum Mekka reisender Möbelbauer besonders aus den deutschen Staaten. Die damalige Handwerkerausbildung verlangte, daß der zukünftige Möbelschreiner drei bis vier Jahre zu einem Meister in die Lehre ging, anschließend einige Jahre herumreiste, bis er schließlich sein Meisterstück anfertigte, mit dem er seine Fähigkeiten bei Entwurf und Ausführung unter Beweis stellte. Erst dann durfte er seine eigene Werkstatt eröffnen. Diese reisenden Handwerker trugen sehr wesentlich dazu bei, daß Ideen und Können verbreitet wurden und auch Handwerker in der Provinz von den neuesten Entwicklungen Kenntnis erhielten. Wien war außerdem eines der wichtigsten kulturellen Zentren der Region und damit ein lukrativer Markt für die Künstler aus der Provinz oder vom Lande. Bereits 1816 gab es 875 selbständige Möbelschreiner in der Stadt; 1823 waren es schon 951.

Die Regierung war bemüht, das Geschäftsleben in Wien zu fördern, und gründete daher 1815 das *Wiener Polytechnische Institut.* Im Laufe der Zeit entstanden mehrere private Zeichenschulen, darunter die des in Preußen geborenen Architekten und Lehrmeisters Karl Schmidt, der als reisender Möbeltischler in Prag gearbeitet hatte, bevor er von 1826 bis 1830 an der Akademie der Künste in Wien studierte. Die Qualität und das Ansehen, in dem die Wiener Biedermeiermöbel standen, wurden gefördert durch Gründung des National-Fabriksproduktenkabinetts im Jahre 1807, das später im Polytechnischen Institut untergebracht wurde. Es handelte sich dabei um eine Sammlung »idealer« Handwerksstücke, die zu hervorragenden Leistungen auf allen Gebieten des Handwerks anspornen sollten.

1829 bestand die Sammlung bereits aus 18 000 Stücken, darunter Produkte der staatlichen Porzellanmanufaktur. Die ergänzende Werkzeugausstellung belief sich auf 3000 Objekte. Weitere Bemühungen der Wiener Regierung, für die Kunstfertigkeit der Handwerker in der Stadt zu werben, führten dazu, daß 1835 die erste *Allgemeine Österreichische Gewerbs-Produkten-Ausstellung* veranstaltet wurde. Eine zweite und dritte Ausstellung folgten 1839 und 1845.

Wien hatte seine Vorrangstellung im Möbelbau bereits zur Zeit des Empirestils begründet und einige typische Elemente im Biedermeier beibehalten. Frühe Wiener Biedermeiermöbel, vor allem exklusivere Stücke, weisen deutliche

**Oben:** Mahagonisekretär. Berlin, um 1820. Die Verwendung von Mahagoni und die hochwertige Verarbeitung lassen vermuten, daß es sich bei diesem Stück um eine teure Auftragsarbeit handelt. Die Anlehnung an die klassische Architektur ist klar erkennbar an den Säulen mit Akanthus- und Volutenkapitell und dem von sechs Säulen getragenen Dreiecksgiebel.

**Rechts:** Derselbe Sekretär zeigt in geöffnetem Zustand zwei typische Landschaftspaneele und in der Mitte einen kleinen »Tempel« in einer Spiegelkonstruktion. Selbst bei einem so kostbaren Stück wird der Zweckmäßigkeit Rechnung getragen: Die herunterklappbare Schreibfläche ist ausgesprochen praktisch.

Bezüge zum französischen Rokoko auf: Bronzebeschläge, vergoldet und patiniert, bis zu einem gewissen Umfang asymmetrische figurative Ornamente, jedoch nicht in den extravaganten Maßen, die charakteristisch für französische Stücke aus dieser Zeit sind. Der Einfluß Frankreichs wird auch an den Namen deutlich, die man diesen Möbelstücken gab: Ein großer bequemer Sessel war ein *Fauteuil,* ein einfacher Stuhl hieß *Chaise.* Die Arbeiten des Möbelschreiners Benedikt Holl (um 1753–1833) sind typisch für diese frühe Periode. Man weiß sehr wenig von ihm, außer daß er in Ellwangen zur Welt kam und mindestens von 1796 an in Wien arbeitete. Ihm werden Möbelstücke, besonders Damenschreibtische, von außergewöhnlicher Qualität zugeschrieben. Seine Arbeit weist deutliche Stilelemente des Empire auf, wie z. B. Bronzebeschläge und dekorative Einlegearbeiten, zeigt jedoch gleichzeitig eine unübersehbare Tendenz zur engeren Einbeziehung von Verzierung in die Struktur, ein Merkmal, das den Biedermeierstil deutlich von vorangegangenen Stilrichtungen abhebt. Vielleicht hat Holl ja vor allem für einen vorwiegend traditionell und sogar

**Links:** Mahagonisekretär. Berlin, um 1820. Ein weiteres wertvolles Stück, das aber statt der vergoldeten Figuren und Beschläge Verzierungen in unterschiedlichem Furnier und Einlegearbeiten aufweist. Die ungewöhnliche, sich verjüngende Form läßt den Sekretär sehr kompakt erscheinen, ein Eindruck, der nur durch die beiden geschnitzten Löwen aufgelockert wird.

**Unten:** Sofa aus Birkenholz. Deutschland, um 1820.

leicht anachronistisch orientierten Kundenkreis aus der besseren Gesellschaft gearbeitet, der noch kostbare Verzierungen und deutlich zur Schau gestelltes handwerkliches Können bevorzugte.

Ebenso wie der französische Einfluß wurden auch englische Möbelentwürfe und Herstellungstechniken von den Handwerkern des Vormärz hoch geschätzt, vor allem nachdem die Kontinentalsperre von 1806 aufgehoben wurde und die Beschränkungen für das Handwerk von seiten der Regierung und der Zünfte gelockert wurden. Der Einsatz von Spezialmaschinen und Fabrikarbeit, Vorboten der industriellen Revolution in Großbritannien, sollte für die Möbelhersteller in Österreich und Deutschland in den kommenden Jahren Modellcharakter annehmen. Bestimmte Möbelarten, wie z. B. der Globustisch, ein kugelförmiger Tisch, der eigentlich eher Schränkchen als Tisch war und als Platz für die Anfertigung und Aufbewahrung von Handarbeiten diente, wurde fast ohne Abänderungen aus englischen Musterbüchern kopiert. Der 1806 in England patentierte Entwurf wurde häufig von Wiener Handwer-

**Oben:** Sekretär, Mahagonifurnier. Wien, um 1820. Die geschnitzten Greife und die Klauenfüße zeigen den Einfluß des Empire. Die Reinheit der geometrischen Formgebung, mit dem im Kreis eingeschlossenen Quadrat, deutet auf die Abkehr von technischer Virtuosität und Hinwendung zu einer Ästhetik hin, die eher auf abstrakten Ideen als auf handwerklicher Kunstfertigkeit beruht.
**Rechts:** Globustisch. Wien, um 1825. Dieses Design war außerordentlich beliebt und diente vor allem als Behältnis für Näh- oder Stickutensilien. Der Deckel besteht aus einer Halbkugel, die sich in den unteren Teil des Tischchens hineinschieben läßt und daher besonders akkurat gearbeitet sein mußte. Globustische wurden häufig als Meisterstücke gebaut, an denen der Handwerker sein Können unter Beweis stellte.

kern ausgeführt. Der ästhetische und funktionale Wert eines solchen Möbels hing ganz von der Geschicklichkeit des einzelnen Handwerkers ab, da die obere Kugelhälfte sehr sorgfältig gearbeitet werden mußte, damit sie mühelos in die untere Hälfte hineingeschoben werden konnte. Thomas Sheratons bedeutendes Buch *The Cabinet-Maker and Upholsterer's Drawing Book,* in den Jahren von 1791 bis 1793 nach und nach in London veröffentlicht, wurde ins Deutsche übersetzt und erschien 1794 in Leipzig. Es enthielt Anleitungen für das Zeichnen und den Entwurf von Möbeln und hatte in den folgenden zwei Jahrzehnten entscheidenden Einfluß auf das Kunsthandwerk der Donaumonarchie.

Bestimmte formale Elemente des Biedermeier – besonders Verzierungen wie Voluten, Säulen und Ziergiebel – waren ganz eindeutig pauschal vom Klassizismus übernommen. Der wesentliche Unterschied bestand darin, daß diese Elemente, die früher reiner Oberflächenschmuck waren, nun immer mehr in Struktur und Design des Möbels miteinbezogen wurden. Sie wurden wichtiger und im Verhältnis zum gesamten Möbelstück gesehen auch größer. Die Entwicklung der Lyrenform ist ein gutes Beispiel für diese Tendenz. Eine Lyra ist ein harfenähliches Musikinstrument, bestehend aus zwei symmetrischen, geschwungenen Seitenteilen. Als Dekorationselement kam es im frühen Empirestil auf. Beim Biedermeiermöbel entwickelte es sich von der reinen Verzierung hin zum strukturellen Bestandteil und wurde im Laufe der Zeit solider und dreidimensional. Die Lyra ist eine beliebte Form für Tischbeine, Schrankfüße und Stuhllehnen und diente manchmal auch als Vorlage für ein ganzes Möbelstück, wie z. B. einen Sekretär. In ähnlicher Weise erhielten die Voluten – spiralförmige Schnörkel, eine Anleihe an klassische ionische oder korinthische Säulenkapitelle – jetzt eine praktische Funktion als Schrank- und Kommodenfüße oder sichtbare strukturelle Verbindungen zwischen horizontalen und vertikalen Flächen. Diese Elemente wurden während der Biedermeierzeit zwar größer, aber auch schlichter, und sie wurden sparsamer verwendet, so daß um 1830 die charakteristische Schlichtheit erreicht wird, die so typisch für diesen Stil ist.

Mit Ausnahme von Thonets Bugholz und Furnierhölzern hielten sich die Handwerker des Biedermeier bei der Möbelherstellung an altbewährte Materialien. Man verwendete Nuß- und Kirschbaumholz, massiv für Stühle, in furnierter Form für Sekretäre, Schränke und andere Möbel. Mahagoni war so teuer, daß es meist wertvolleren Auftragsarbeiten vorbehalten blieb. Durch die zunehmende Verwendung von Holzbeizen war es jedoch möglich, exotische Hölzer wie Mahagoni zu imitieren. Birnbaum, schwarz gebeizt, war ein

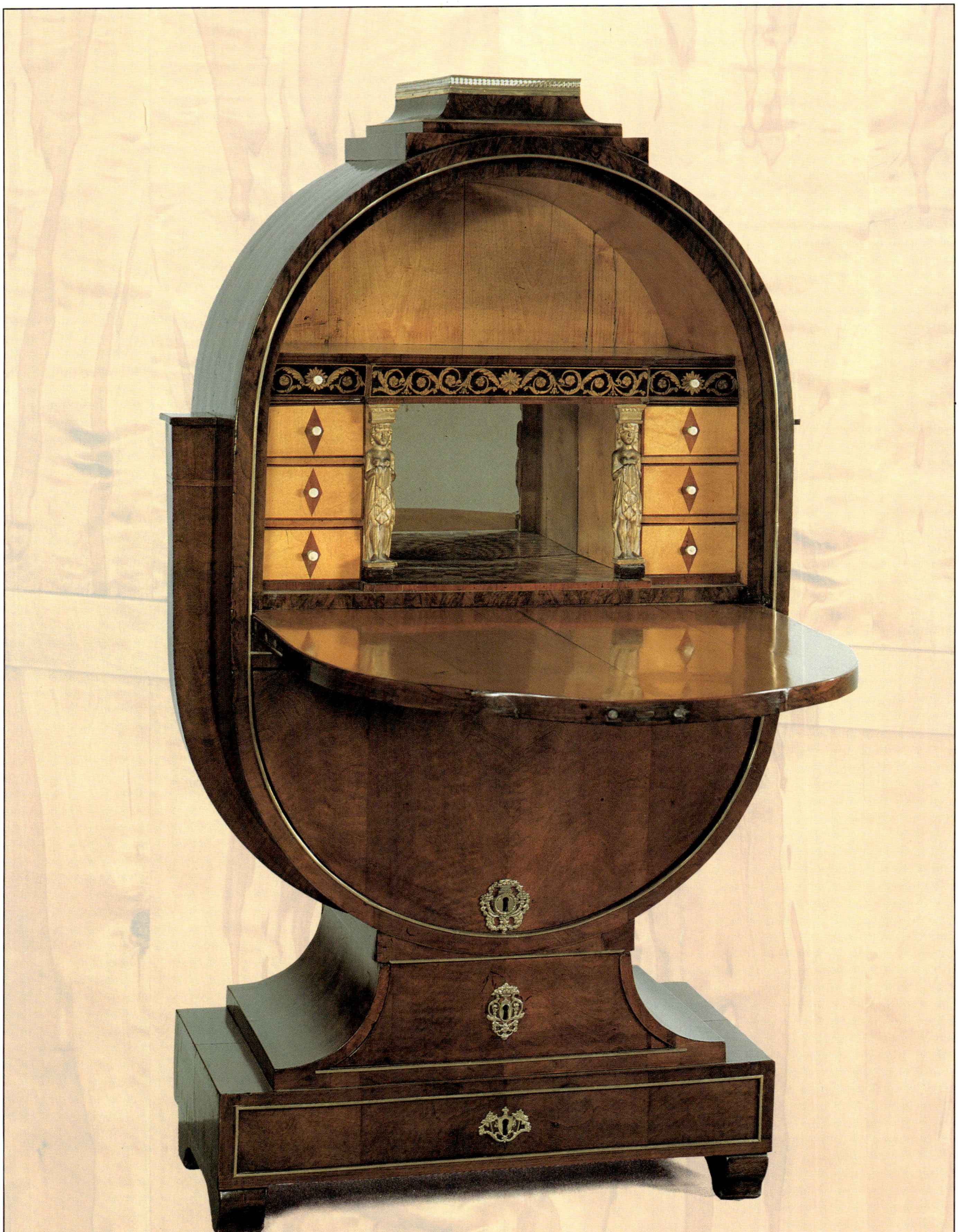

annehmbarer Ersatz für Ebenholz und wurde häufig verwendet, um dekorative Elemente wie Säulen oder Perlstabverzierungen hervorzuheben. Ahorn – als Einlegearbeit oder Vogelaugenahornfurnier – ist ebenfalls ein Hinweis darauf, daß es sich um ein wertvolleres Stück handelt. Andere Massiv- und Furnierhölzer, wie Birke, Buche, Eiche, Esche und Eibe, wurden auch hin und wieder verwendet. Aufgemalte Verzierungen ersetzten manchmal die zeitaufwendige Marketerie, die ab Mitte der zwanziger Jahre des 19. Jahrhunderts immer seltener verwendet wurde.

Weitere Dekorationselemente wurden häufig aus einfallsreichem Ersatz für die teuren Materialien hergestellt, die bei den Handwerkern des Empire so beliebt gewesen waren. Die feuervergoldeten Bronzebeschläge wurden durch hauchdünn geprägtes Messing oder vergoldete Schnitzereien ersetzt, die patinierten gegossenen Klauenfüße und Karyatiden wurden aus Gips oder einer schnelltrocknenden Mischung aus Leim und Sägespänen modelliert. Diese Art von Verzierungen wurde gegen 1825 – vor allem in Wien – nur noch sehr selten verwendet und erhielt erst ein Jahrzehnt später mit dem Wiederaufleben des Rokoko neue Bedeutung.

Nach Einführung der Furnierschneidemaschine in den zwanziger Jahren

**Links:** Mahagonisekretär. Die kraftvolle, schlichte Form ist typisch für den Biedermeierstil.

**Unten:** Sofa aus Birkenholz mit Einlegearbeiten in Satinholz. Dänemark, um 1820. Die Lyrenform ist bei diesem Stück weitgehend stilisiert, aber am sanften Schwung der Seitenlehnen, die in einer Volute enden, noch gut erkennbar.

konnte Furnier in größeren Teilen hergestellt werden. Diese Maschinen ermöglichten es, aus nassem Holz Furnier in beliebiger Länge herauszuschälen, und sie arbeiteten von der Außenseite zum Kernholz des Stammes hin. Diese Technik war besonders geeignet, um Furnier herzustellen, das für Rundungen wie Kugeln und Kuppeln verwendet werden sollte, da es elastischer und biegsamer war als herkömmliches Furnier.

Bei manchen Möbelarten, wie z. B. Sofas, war, vor allem gegen Ende der Periode, die Polsterung wichtiger als die Schreinerarbeit. Naturgemäß ist von den Polstermöbeln jener Zeit nur sehr wenig erhalten geblieben, aber zeitgenössische Berichte und Kataloge zeigen, wieviel Mühe und Sorgfalt auf die Polsterung verwendet wurde. Entwürfe aus Josef Danhausers Möbelfabrik zeigen einzelne Stücke, die fast vollständig mit Kissen und Draperien bedeckt waren, passend zu den modisch und kunstvoll drapierten Gardinen und Wandverkleidungen.

**Rechts, Kasten:** Stuhl aus Birnbaum. Mitteldeutschland, frühes 19. Jahrhundert. Dieses Stück weist außer dem Palmettenmotiv in der Rückenlehne, das mit einer Laubsäge relativ leicht herausgearbeitet werden konnte, keinerlei Verzierung auf. Solche Möbelstücke ließen sich gut in größerer Stückzahl in kleinen Werkstätten mit nicht voll ausgebildeten Handwerkern herstellen. Der Bezugsstoff ist typisch für das Biedermeier.

**Rechts:** Stuhl aus Obstbaumholz. Um 1820. Dieser Stuhl, zu dem es ein Gegenstück gibt, weist sehr zurückhaltende Verzierungen auf, die sich auf die ausgesägte Blüte in der Rückenlehne mit einem gestanzten Messingbeschlag beschränken. Solche Beschläge, die aus Messingblech angefertigt oder aus Holz geschnitzt und vergoldet wurden, waren sehr viel preiswerter als gegossene Beschläge.

**Links:** Hocker aus Obstbaumholz. Schweden, um 1830. Die fließende Form und der sanfte Schwung der Beine sind typisch für das Streben nach Schlichtheit und Eleganz auch bei Gebrauchsmöbeln. Die ebenholzfarben gebeizten Kugeln sorgen für Auflockerung.

Aus derselben Quelle stammen Illustrationen, die den Couvertrahmen zeigen, einen gepolsterten Holzrahmen, der tagsüber Bett und Bettzeug verdeckte, so daß das Schlafzimmer gleichzeitig als Wohnraum genutzt werden konnte. Dies verdeutlicht wieder, wie die Möbel in der Biedermeierzeit auf die praktischen, täglichen Bedürfnisse der Mittelschicht ausgerichtet waren. Sie entsprachen nicht dem Wunsch des Adels, seinen Wohlstand zur Schau zu stellen, der einen so großen Einfluß auf das Möbeldesign in Empire und Rokoko gehabt hatte. Es ist bezeichnend, daß im Biedermeier so viel Wert auf Polster und Draperien gelegt wurde, eben auf die Dinge, die Möbel komfortabel machen, und es ist sicher kein Zufall, daß gerade in dieser Zeit die Sprungfederpolsterung in Wien zum Patent angemeldet wurde.

**Oben:** Spucknapf in Ahornfurnier. Wien, frühes 19. Jahrhundert. Trotz aller Verfeinerung und Kultur sind die Umgangsformen der Biedermeierzeit kaum mit unseren heutigen zu vergleichen, ein Spucknapf gehörte durchaus zur Einrichtung.

**Unten links:** Tischchen. Wien, frühes 19. Jahrhundert. Die geometrische Schlichtheit dieses Möbels erinnert an den Art-Deco-Stil, der ein Jahrhundert später entstand.

**Unten:** Mahagonisofa. Wien, frühes 19. Jahrhundert. Die »Beine« haben die Form einer stark stilisierten Volute. Die Front besteht aus einem Stück.

**Oben:** Blumenständer mit ebenholzfarben gebeizter Verzierung.

**Rechts:** Mahagonisekretär mit vergoldeten Beschlägen. Ein altbewährtes Design mit Anleihen an klassizistische Architektur mit Säulen, Kapitellen und Ziergiebel.

**Oben:** Nußbaumkommode mit ebenholzfarben gebeizten Säulen mit Messingkapitell.

## JOSEF DANHAUSER

Einer der bedeutendsten Männer in der Möbelindustrie der Biedermeierzeit war Josef Danhauser (1780–1829). Danhauser, dessen Vater Bildhauer war, wurde in Wien geboren und studierte an der Akademie der Schönen Künste. 1807 erhielt er die offizielle Erlaubnis, eine Fabrik zur Herstellung von Luxusartikeln zu eröffnen, die 1814 erweitert wurde und ihn zur Fertigung von Möbeln aller Art berechtigte. So entstand sein *Etablissement für alle Gegenstände des Ameublements,* das schon an seinem Namen den immer noch großen Einfluß des französischen Geschmacks auf die Donaumonarchie erkennen ließ. 1808 beschäftigte Danhauser 130 Angestellte. Seine Geschäftstüchtigkeit beschränkte sich keineswegs nur auf die Herstellung und den Verkauf der eigenen Möbelproduktion, sein Unternehmen vertrieb auch eine Vielzahl von anderen Einrichtungsgegenständen, wie Teppiche, Uhren, Glaswaren und Stoffe. Seine Kataloge zeigen, daß den Kunden eine bemerkenswert große Auswahl von Tischen, Stühlen, Sofas, Blumenständern, Waschtischen, Schreibtischen und vielen anderen Möbelstücken angeboten wurde, wobei jedes Stück in einer Vielzahl von Variationen erhältlich war. Es gab auch Raritäten aus

Hirschgeweih und Gegenstände, die gleichzeitig verschiedenen Zwecken dienten, wie Kombinationen von Pfeifen- und Billardqueue- oder Gewehrständer. Das Angebot war erfolgreich darauf ausgelegt, einen großen mittelständischen Markt zu versorgen, aber daneben hatte Danhauser auch sehr erlauchte Kundschaft. Er fertigte Möbel für Erzherzog Karls Schloß in Wien und für Schloß Weilburg, Baden, in der Nähe der Hauptstadt, an. 1825 zog er mit seiner Fabrik und den Ausstellungsräumen in den Karoly Palast in Wieden, einem Vorort von Wien, um. Nun konnte er seine Produkte in angemessener Umgebung ausstellen und hatte auf dem Gelände gleichzeitig Platz für große, gut ausgerüstete Schreinereien, eine Gießerei und Vergoldungswerkstätten. Nach seinem Tod, 1829, ging es mit dem Unternehmen langsam bergab, und 1839 stellte es schließlich den Betrieb ein. Danhauser kann als Verkörperung des Geistes seiner Zeit angesehen werden. Seine Geschäftstüchtigkeit und das Vertrauen auf den Geschmack der Mittelschicht, das viele seiner Produkte erkennen lassen, geben einen gelungenen Abriß der gesellschaftlichen und kulturellen Bestrebungen seiner Zeitgenossen.

Trotz seines vielfältigen Warenangebots sind nur wenige Stücke erhalten geblieben, die mit Sicherheit aus seiner Fabrik stammen. Eine Ausnahme bilden dabei die für Schloß Weilburg in Auftrag gegebenen Möbel. Es gibt jedoch eine Vielzahl von Literatur und Bilddokumenten, die den für ihn typischen Einfallsreichtum in der Formgebung unter Beweis stellen. Entwurfszeichnungen aus Danhausers Fabrik zeigen über 2500 verschiedene Designs. An ihnen läßt sich ablesen, wie sich der Möbelgeschmack der Wiener im Laufe der Jahre geändert hat, wie z. B. goldene Beschläge immer weniger gefragt waren, bis sie 1825 schließlich ganz aus dem Katalog verschwanden. Die Zeichnungen zeigen auch hervorragend Danhausers Ideenreichtum, wenn es um Möbel mit zwei, manchmal sogar drei, verschiedenen Funktionen ging. Seine späteren Entwürfe weisen Züge des »reinen« Biedermeier auf: sparsamer Einsatz von unnötigen Details, statt dessen Verwendung von soliden, regelmäßigen geometrischen Elementen, die z. T. an Möbel des Art Deco aus den zwanziger und dreißiger Jahren unseres Jahrhunderts erinnern. Voluten, vergrößert, mit flachen, unverzierten Seiten, und vereinfachte Lyrenformen, immer in Furnierholz und nicht mehr in Goldbronze ausgeführt, werden zu strukturellen Elementen wie Stuhllehnen oder Sofafüßen.

Die Schönheit der Maserung von Furnier- oder Massivholz sollte für sich selbst sprechen, kunstvolle Marketerie und Einlegearbeiten mit exotischen Hölzern kamen aus der Mode. Danhausers Sohn, Josef Franz Danhauser (1805–45), hatte ebenfalls beachtlichen Erfolg, zum einen als Maler, zum anderen als früher Verfechter des Historismus bei Einrichtungsgegenständen. Seine Stiche von Möbelentwürfen, die 1835 erschienen, weisen Stilelemente von Barock, Rokoko und Renaissance auf und nicht mehr nur die üblichen klassizistischen Bezüge.

## MICHAEL THONET

Michael Thonet war ein weiterer Unternehmer des Biedermeier, dessen Werk entscheidenden und dauerhaften Einfluß auf das Design und die Herstellung von Möbeln haben sollte. Er kam in Boppard am Rhein auf die Welt, absolvierte dort seine Lehrzeit und machte 1819 eine Werkstatt auf. Hier begann er um 1830 mit dünnen Streifen von Buchen- und Nußbaumfurnier zu experimentieren, die er miteinander verleimte, um so ein Werkmaterial zu erhalten, das vielseitig, preiswert und strapazierfähig war. Wenn man dieses Material unter Druck und Hitze formte, erhielt man relativ leicht die sanften Bögen, die bei den Möbeltischlern seiner Zeit so beliebt waren. So ließen sich materialsparend Rundungen und Voluten herstellen, da die Form nicht mehr aus einem massiven Stück geschnitzt werden mußte; selbst auf den sonst so wichtigen Faserverlauf brauchte man keine Rücksicht mehr zu nehmen. Auch Massivholz ließ sich unter ähnlichen Bedingungen formen und biegen und wurde dann als Bugholz bezeichnet.

Der einzigartige Erfolg seiner Technik, die im Grunde genommen nicht neu war, führte dazu, daß Metternich ihn nach Wien holte, wo er 1842 das Patent auf seine Verfahren erhielt. In den Jahren 1842 bis 1849 war er bei dem Architekten Carl Leistler (1805–1857) angestellt und wurde für die Innenausstattung von Schloß Liechtenstein eingesetzt, ein Paradebeispiel für das wiedererwachte Interesse am Rokoko, und 1849 gründete er einen eigenen Betrieb, in dem Möbel nach seinen Entwürfen hergestellt wurden. Zwei Jahre später stellte er auf der Weltausstellung in London aus und wurde mit einer Medaille ausgezeichnet.

Seine Arbeiten, ursprünglich für wohlhabende Persönlichkeiten, wie Fürst Liechtenstein, später auch für einen größeren Kundenkreis angefertigt, ermöglichten es, einen neuen Möbeltyp herzustellen: leichte, stabile und einfache Stücke, wie sie z. T. heute noch produziert werden. Zu den Modellen, die in seinem Unternehmen hergestellt wurden, gehörten Stühle, unterschiedliche Tische, Sofas und Betten. Seine Arbeiten zeichnen sich durch große Ästhetik aus. Die größten Erfolge konnte er am Ende des Vormärz verzeichnen, und

**Unten:** Thonetlehnstuhl, der viele Merkmale eines einfachen Stuhls aufweist. Die von Thonet entworfenen Möbel ließen sich gut in der Fabrik herstellen, da er mit Schablonen arbeitete. Sein Betrieb entwickelte sich zu einem Großunternehmen mit Tausenden von Beschäftigten, seine Stühle wurden weltbekannt.

manche Kunsthistoriker vertreten die Auffassung, daß er mit der Einführung seiner Technik im Möbelbau zum Untergang des Biedermeierstils beigetragen habe. Desungeachtet hat er einen der beliebtesten und leichterkennbaren Stile des Biedermeier geschaffen. Thonets Möbel werden häufig mit dem Aufkommen des Historismus und der Neuentdeckung des Rokoko in Verbindung gebracht, besonders wenn man an die Einrichtung von Schloß Liechtenstein denkt, seine Arbeiten zeichnen sich jedoch immer durch große Schlichtheit aus, und er verwendet lieber dekorative Strukturen als reine Verzierung, eine Vorliebe, die ganz typisch für das Biedermeier ist. Sein Unternehmen wurde zu einem der größten Möbelhersteller der Welt, und seine Produkte waren in ganz Europa bekannt.

Auch nachdem 1869 seine Patente abgelaufen waren und seine Modelle im In- und Ausland kopiert wurden, blieb sein Unternehmen, das 1853 von seinen Söhnen übernommen worden war, weiterhin erfolgreich. Im Jahre 1900 beschäftigte die Gesellschaft 6000 Angestellte und stellte täglich 4000 Möbelstücke her. Thonets Einfluß auf spätere Designer und Architekten der zwanziger Jahre unseres Jahrhunderts, wie Le Corbusier und Marcel Breuer, ist unbestritten.

**Links:** Stuhl aus Nußbaum und Mahagoni mit Sitzfläche aus Korbgeflecht, entworfen von Michael Thonet. Boppard am Rhein, um 1835. Thonets Erfolg mit der Konstruktion von Möbeln aus »Bugholz«, bestehend aus miteinander verleimten Furnierstreifen, später auch aus runden Massivholzteilen, führte dazu, daß Metternich ihn nach Wien kommen ließ. Sein Werk wird zwar manchmal als Vorbote des Neu-Rokoko angesehen, aber seine Möbel entsprachen ganz den Vorstellungen des Biedermeierbürgers: Sie waren praktisch, preiswert und schlicht.

## KARL FRIEDRICH SCHINKEL

Neben Wien war zweifellos Berlin ein weiteres Zentrum des Biedermeier. Hier lebte der preußische Architekt, Maler, Bühnenbildner und Möbeldesigner Karl Friedrich Schinkel (1781–1841).

Schinkel wurde in Neuruppin geboren und siedelte 1794 nach Berlin über. Hier lernte er den Architekten Friedrich Gilly (1772–1800) kennen und schätzen und studierte bei dessen Vater David Gilly (1748–1808). Er machte sich als selbständiger Designer und Architekt einen Namen, als er 1809 am Schloß des Preußenkönigs Friedrich Wilhelm III. in Berlin arbeitete. Es folgten eine Reihe von Auftragsarbeiten für das preußische Königshaus und weitere bedeutende Arbeiten.

Am bekanntesten ist Schinkel wohl für seine klassizistische Architektur, aber er hat für viele seiner Bauten auch die Innenausstattung und das Mobiliar entworfen. Einige seiner spektakulärsten Entwürfe auf diesem Gebiet waren für die Ausführung in Gußeisen gedacht. In den zwanziger Jahren des 19. Jahrhunderts entwarf er eine Reihe von Möbeln für die Residenzen des Königs von Preußen, einige Stücke davon wurden vierzig Jahre später immer noch herge-

stellt. Schinkels Stil war eklektisch, er hatte bereits ein Jahrzehnt vor dem Historismus Barock- und Renaissancemotive verwandt. Besonders seine gußeisernen Möbel wiesen die beliebten klassischen Elemente als auch Anleihen an die Gotik auf, die damals in Großbritannien immer beliebter wurde. Mit seinen Arbeiten in diesem Material war er den Engländern weit voraus, da er viel früher als die englischen Designer sein bildhauerisches Potential erkannt hatte. Allerdings war Gußeisen ein Material, das wohl weder die alten Griechen noch die Handwerker des Mittelalters, die ihn stilistisch inspirierten, als für die Möbelherstellung geeignet angesehen hätten.

Karl Friedrich Schinkel war ein sehr vielseitiges Talent und betätigte sich auf bemerkenswert vielen Gebieten, darunter Malerei, Stoff- und Tapetenentwurf, Metallarbeiten in Eisen und Edelmetallen. Er erlebte den Übergang von Kunst, Architektur und Kunsthandwerk vom Klassizismus zum Historismus und leistete mit seiner eigenen Arbeit einen entscheidenden Beitrag zu beiden Stilrichtungen, er kann daher nicht ohne weiteres dem einen oder anderen Stil zugeordnet werden. Seine Arbeiten liegen an der Grenze des »reinen« Biedermeier, da er fast ausschließlich anspruchsvolle Auftragsarbeiten für adlige Kunden ausführte und nicht wie die meisten Kunsthandwerker des Biedermeier vorgefertigte Ware an Kunden aus der Mittelschicht verkaufte. Was den Stil betrifft, so gibt es innerhalb seines Werkes durchaus Stücke, die ganz typisch für das Streben des Biedermeier nach Schlichtheit, Zurückhaltung und Funktionalität sind.

**Links:** Schmiedeeiserner Stuhl, Entwurf Karl Friedrich Schinkel. Dieser Stuhl weist eine Reihe klassizistischer Motive auf, darunter die von Akanthusblättern eingefaßte Lyra in der Rückenlehne und die Löwenköpfe an den Armlehnen. Das Modell wurde zweifellos in den zwanziger Jahren des 19. Jahrhunderts für das preußische Königshaus entworfen und dann bis in die sechziger Jahre auch für die Allgemeinheit hergestellt.

## ADOLPH FRIEDRICH VOIGHT

Berlin war auch die Heimatstadt von Adolph Friedrich Voight, einem Kunsttischler und Designer, an dessen Werk abzulesen ist, welchen Einfluß das Wiener Biedermeier und die englischen Stilrichtungen auf den Möbelbau in Preußen hatten. Ihm werden Entwurf und Ausführung eines der ersten Patentsekretäre zugeschrieben.

Dabei handelt es sich um einen kleinen schmalen Sekretär, der mit geschlossener Klappe als Wandschirm dienen konnte; ein Möbelstück, das später im Biedermeier häufig kopiert wurde. Voight versuchte, für seine »Erfindung« ein Patent zu erhalten, die allerdings einem Entwurf von Thomas Sheraton sehr ähnlich war, der bereits 1788 in seinem Buch *The Cabinet-Maker's London Book of Prices* veröffentlicht worden war. Es lag sicher an seiner Vielseitigkeit, daß dieses Möbelstück in der Biedermeierzeit so beliebt war. Es war ausgesprochen kompakt und konnte offen sowohl als Schreib-, Näh- oder Nachttisch verwendet werden, geschlossen diente es als Ofenschirm oder wurde einfach an die Wand geschoben. Von Voight ist wenig bekannt außer der Tatsache, daß er in der Zeit von 1810 bis 1826 in Berlin tätig war, wo er häufig an Ausstellungen für Handwerk und Industrie teilnahm.

**Links:** Patentsekretär, angefertigt von Adolph Friedrich Voight in Berlin, um 1805. Voight versuchte, sich den Entwurf patentieren zu lassen, obwohl er eindeutig einem Design nachempfunden war, das Thomas Sheraton bereits Ende des 18. Jahrhunderts veröffentlicht hatte.

**Oben:** Derselbe Sekretär in geschlossenem Zustand. Die Vielseitigkeit dieses Möbelstücks, das als Tisch oder Ofenschirm verwendet werden konnte, war ganz nach dem Geschmack des Biedermeierbürgers, der unter zunehmendem Raummangel litt. Beachten Sie die Messingverzierung an der lyrenförmigen Verstrebung der Beine.

## DAS ENDE DER BIEDERMEIERZEIT

Manche Kunsthistoriker sind der Ansicht, daß das Ende der Biedermeierzeit mit dem Aufkommen des Historismus etwa ab 1830 zusammenfällt. Dies würde bedeuten, daß der Begriff nur für einen Zeitraum von fünfzehn Jahren gelten würde, der mit dem Wiener Kongreß beginnt, dessen Ende jedoch nicht mit irgendeinem kulturellen oder politischen Wandel verknüpft werden kann, sondern nur mit der Entstehung neuer Richtungen im Möbeldesign. Es ist daher nicht verwunderlich, daß die meisten Leute, die sich näher mit diesem Stil befaßt haben, eine größere Zeitspanne bis hin zur Märzrevolution von 1848 darunter verstehen. Bahnbrechende Arbeiten wie die Schinkels, der sich schon früh dem Historismus zuwandte, können nicht als allgemeiner Wandel des Geschmacks angesehen werden. Bis seine vom preußischen Königshaus hoch geschätzte Arbeit auch dem Geschmack des Bürgertums entsprach, mußte zweifellos einige Zeit vergehen.

Auch das »Zweite Rokoko« konnte sich bei den Wiener Möbelbauern erst in den vierziger Jahren des 19. Jahrhunderts durchsetzen. Das Biedermeier war beliebt, weil es elegant, aber unprätentiös war, und verkörperte gleichzeitig eine bestimmte Einstellung zu Entwurf und Ausführung eines Möbels. Als Stil entsprach es vollkommen den Lebensumständen und Bedürfnissen seiner Kunden und war zudem imstande, sich der neuesten Herstellungstechniken zu bedienen, ohne an Qualität oder Charme zu verlieren.

Seine Direktheit, der völlige Verzicht auf Verkünstelungen hat seitdem Generationen von Möbeldesignern inspiriert, und es ist eine Ironie des Schicksals, daß viele seiner Nachahmer bekannter geworden sind als ihre Vorbilder.

Wohl am wenigsten geschätzt wurde das Biedermeier als Möbelstil in den Jahren unmittelbar nach seinem Niedergang, d. h. in den fünfziger und sechziger Jahren des 19. Jahrhunderts. Damals wurden die meisten kulturellen Aspekte des Vormärz gering geachtet und als Verkörperung politischer Engstirnigkeit und Rückständigkeit betrachtet. Die Industrialisierung machte immer raschere Fortschritte, was eine neue und grundlegend andere Ästhetik im Möbeldesign zur Folge hatte. Es dauerte jedoch nicht sehr lange, bis das Biedermeier rehabilitiert wurde und seine erste Auferstehung erlebte.

Einer 1896 zum Thema »Wiener Kongreß« veranstalteten Ausstellung des Österreichischen Museums für Kunst und Industrie folgte eine Welle des Interesses. Der Architekt Josef Hoffmann (1870–1956) und die Künstler und Designer der Jugendstilbewegung spielten hierbei eine wesentliche Rolle. Obwohl sich damit eher der Beginn eines neuen Stils ankündigte als eine Wiederbelebung des eigentlichen Biedermeier, wurden Stilelemente aus dem Vormärz aufgegriffen.

Mit dieser neuen Wertschätzung am Anfang unseres Jahrhunderts wurden die Möbel des Biedermeier allmählich auch vom kunsthistorischen Standpunkt aus interessant.

**Rechts:** Zierspiegel, Perlmutt mit Goldbeschlägen, Carl Schmidt zugeschrieben. Auf der Spiegelrückseite befindet sich ein Gouachebild des angesehenen Miniaturmalers Balthasar Wigand.

Andenken des 21ten Mai 1816. von
dich liebenden Vater.

# KERAMIK UND GLAS DER BIEDERMEIERZEIT

Zu den kühnsten Erzeugnissen der Handwerkskunst in der Biedermeierzeit gehören ganz sicher die Keramik- und Glaswaren. In der ersten Hälfte des 19. Jahrhunderts wurde das Glas zum wichtigsten kreativen Ausdrucksmittel und übernahm damit die Rolle, die das Porzellan während Barock und Rokoko innehatte. Im Gegensatz zum Stil anderer Gewerke jener Zeit ist Biedermeierglas häufig extravagant, auffallend und ausschließlich dekorativ, kompliziert in Schliff, Gravur und Politur und von unterschiedlichster Form. Bemalung in Gouache und Email und Vergoldungen sind auch bei der Keramik des Biedermeier häufig zu finden. Vor allem die Dekorationsstücke, für die die Donaumonarchie berühmt war, waren üppig verziert und wirkten ausgesprochen luxuriös, ganz im Gegensatz zu der schlichten Eleganz der Biedermeiermöbel. Die Gegenstände, die bis heute erhalten sind, gehören sicher zu den besonders luxuriösen Schaustücken, die aufgrund ihres Wertes sehr sorgfältig aufbewahrt und wohl nur selten benutzt wurden. Zwar hatte die Glasherstellung in vielen deutschsprachigen Staaten wie Schlesien, Bayern und Thüringen schon lange eine wichtige Rolle gespielt, aber das unbestrittene Zentrum für Herstellung und Verkauf von Glas im frühen 19. Jahrhundert war die Provinz Böhmen (heute in der Tschechoslowakei). Böhmens Tradition der Glasherstellung reicht bis ins 15. Jahrhundert zurück. Zum Teil ist dies sicher auf die reichlich vorhandenen Rohstoffe wie Quarzsand, Kreide und Minerale zurückzuführen. Außerdem gab es große Wälder, die als Lieferanten für Pottasche und Holz für die Brennöfen dienten, und viele Wasserläufe, mit deren Hilfe die Energie für Brechwalzen, Schleif- und Polier-

**Links:** Ranftbecher mit Goldrand und geschliffenem Fuß. Gottlob Samuel Mohn, 1817. Unter der Abbildung die Inschrift: *Andenken des 21ten Mai 1816 von deinem dich liebenden Vater.*

werkzeuge erzeugt werden konnte. Bereits 1803 wurde der Wert der Rohglasherstellung Böhmens auf zwei Millionen Gulden geschätzt, die feine Verarbeitung und der Verkauf von Glaswaren brachten noch einmal 6 Millionen Gulden ein.

Die Industrie beschäftigte 40 000 Arbeitskräfte. Zur gleichen Zeit wurde die Glasindustrie in Bayern auf 51 000 Gulden geschätzt. In den Jahren nach dem Wiener Kongreß, in denen größere politische und wirtschaftliche Stabilität herrschte, wuchs die Glasindustrie Böhmens kontinuierlich. 1804 hatte es 66 Glasfabriken gegeben, 1820 waren es schon 78, und 1840 belief sich die Zahl auf 99.

Es mag angesichts dieser hohen Konzentration auf einem relativ kleinen Gebiet überraschen, daß sich die Künstler und Handwerker des frühen Biedermeier mindestens bis Mitte der zwanziger Jahre des 19. Jahrhunderts von anderen Ländern und vergangenen Stilepochen inspirieren ließen. Viele der in den letzten Jahren des Jahrhunderts hergestellten Glaswaren, die im Musterbuch der Harrach-Fabrik in Neuwelt (heute Harrachov Novy Svet) abgebildet sind, tendieren zum altbewährten Rokoko. Modelle aus Milchglas, einem weißen opaken Glas, wurden meist später verziert, z. B. mit Blumen bemalt und vergoldet. Milchglas wurde ein preiswerter Ersatz für das teurere Porzellan. Das Handwerk war weder beim Design noch in der Technik besonders zukunftsorientiert.

England und Irland übten in dieser frühen Periode einen großen Einfluß aus, nachdem Ravencroft dem Rohglas 1674 Blei hinzugefügt hatte, wodurch das Glas weicher, glänzender und transparenter wurde, als man es zuvor hatte herstellen können. Für einen beträchtlichen Zeitraum war englisches Glas unerreicht in der Qualität und daher sehr begehrt.

Die Napoleonischen Kriege, die von 1799 bis zum Wiener Kongreß 1815 dauerten, wirkten sich sehr nachteilig auf Glasherstellung und -handel in den deutschsprachigen Ländern aus: Viele Betriebe mußten schließen oder produzierten nur noch für den heimischen Markt. Österreich und Böhmen waren besonders isoliert, sowohl von ihren lukrativen Exportmärkten als auch von den neuen Entwicklungen in Geschmack und Technologie. Die Einführung von Steuern und Transportbeschränkungen nach Kriegsende behinderte die Entwicklung der Industrie zusätzlich, und erst in den dreißiger Jahren des 19. Jahrhunderts erhielt die Glasherstellung wieder zentrale Bedeutung für Wirtschaft und Kultur des Biedermeier.

## DER BIEDERMEIERSTIL

Anhand von erhaltenen Stücken und Musterbüchern läßt sich nachweisen, daß die Glasindustrie des Biedermeier schon Mitte der zwanziger Jahre des 19. Jahrhunderts einen eigenen Stil und Moderichtungen entwickelte. Eines dieser Musterbücher, das 1832 von J. F. Römisch aus Steinschönau (heute Kamenicky Senov) in Nordböhmen herausgegeben wurde, zeigt Hunderte von geschliffenen und bemalten Modellen. Einige der Entwürfe sind englischen Stilrichtungen aus dem späten 18. Jahrhundert nachempfunden, die besonders bei Gegenständen des täglichen Gebrauchs sehr beliebt waren, andere weisen jedoch schon die Tendenz zu üppiger Verzierung auf, die das Biedermeierglas berühmt gemacht hat. Alle möglichen Glasgegenstände wurden angeboten, darunter Becher, Wein- und Likörgläser, Tassen und Untertassen (man trank damals sowohl Kaffee als auch Tee aus Glas- oder Keramikgeschirr), Milch- und Sahnekännchen, Zuckerdosen, Bowlengefäße und -gläser, Teller und Schalen für Obst und Süßigkeiten, Menagen, Parfümflakons, Tintengläser, Leuchter und Blumenvasen in vielen verschiedenen Formen und Größen. In der Formgebung wurde man zunehmend unabhängig vom französischen Porzellan des Rokoko, und das Biedermeierglas begann einen eigenen Stil zu entwickeln.

## TECHNISCHE ENTWICKLUNGEN

Die besondere Organisation der Glasherstellung in Böhmen und den deutschen Staaten und ihre traditionellen Arbeitsmethoden hatten natürlich auch Einfluß auf Design und Herstellungsweise. Die rohen, unverzierten und meist auch ungeschliffenen Gläser wurden in einer der vielen Fabriken der Region hergestellt. So eine Fabrik zu errichten und zu unterhalten war sehr kostspielig, da große Mengen Holz für die Glasöfen und hochwertiges Rohmaterial für das Glas benötigt wurden. Daher wurden viele Fabriken von Aristokraten oder Angehörigen des Landadels geleitet. So wurde z. B. die Harrach-Fabrik in Neuwelt von Johann Pohl für den Grafen Harrach geführt, und Graf von Longueval Bouquoy, der ein farbiges opakes Glas entwickelt hatte, besaß eine Fabrik in Georgenthal in Südböhmen. Daneben gab es eine ganze Reihe von Unternehmern, wie Josef Lobmeyr, der ein ganzes Glasimperium aufgebaut hatte. Er besaß ein Geschäft in Wien, eine Fabrik in Slowenien und eine Werkstatt zur Endbearbeitung in der Nähe von Haida. Außerdem beschäftigte er viele selbständige Graveure, Maler und Schleifer. Mittelständische Geschäftsleute wie Lobmeyr gewannen im Laufe der Zeit immer mehr Bedeutung für die Glasindustrie. Sehr häufig wurde die Endbearbeitung von selbständigen Handwerkern ausgeführt, die bei sich zu Hause arbeiteten; sie kauften die Rohlinge, verzierten sie und verkauften sie dann an Einzelhändler. Selbst einfache Stücke konnten auf diese Weise um ein Vielfaches im Wert steigen und auf den lokalen oder persönlichen Geschmack abgestimmt werden. Viele Dekorationsstücke

**Links:** Urne aus geschliffenem Lythalinglas. Fabrik Friedrich Egermann in Böhmen, um 1830. Dieses opake dunkle Glas war lange Zeit die Spezialität der böhmischen Glashersteller, die versuchten, die steinartige Beschaffenheit der aus England importierten Keramik zu imitieren.

waren Souvenirs zum Andenken an den Besuch in einer Stadt wie Wien, deren Stephansdom ein beliebtes Motiv war. Natürlich konnten auch Widmungen eingraviert oder aufgemalt werden, wenn das Stück ein persönliches Geschenk sein sollte.

Den Anstoß zu dem für das Biedermeier typischen Glasdesign gaben Experimente zur Herstellung von buntem Glas, wozu man meist Eisen-, Kupfer- oder Chromoxide verwendete. Diese Experimente entsprachen in vieler Hinsicht den technologischen Neuerungen in der Möbelherstellung jener Zeit. Bouquoys Entwicklung von schwarzem *Hyalithglas* folgte ein Jahrzehnt später Friedrich Egermanns Erfindung des *Lythalinglases,* beides opake Glasarten, die sich hervorragend als Untergrund für Vergoldungen eigneten. Man hatte versucht, die steinartige Beschaffenheit von englischem Opakglas und Keramik zu imitieren. Eine andere beliebte Technik bestand darin, buntes Glas auf transparentes oder weißes opakes Glas aufzubringen. Mit dem entsprechenden Schliff und der richtigen Politur konnten so sehr anspruchsvolle Designs geschaffen werden.

Graf von Longueval Bouquoy (1781–1851) war ein typischer adliger Fabrikbesitzer und der einzige Hersteller von schwarzem Hyalithglas, das er 1820 entwickelt hatte. Er produzierte außerdem ein rotes Hyalithglas. Opakes Buntglas war keine völlige Neuerfindung, es wurde in Böhmen schon im vorangegangenen Jahrhundert hergestellt. Bouquoys Erzeugnisse waren jedoch so gefragt, daß er sie außerhalb weiterverarbeiten und bemalen lassen mußte, um der großen Nachfrage gerecht werden zu können.

Friedrich Egermann (1774–1864) gehörte ebenfalls zu denjenigen, die schon früh mit Buntglas experimentierten. 1828 erhielt er die Erlaubnis zur Produktion von Lythalin, einem rotbraunen opaken Glas, das häufig eine marmorierte Oberfläche aufwies. Auf der Böhmischen Ausstellung für Industrieprodukte in Prag stellte er neben seinem Konkurrenten Graf von Bouquoy aus und bezeichnete sich selbst als Hersteller von Edelsteinglas und Lythalin aus Blottendorf. Er erhielt sowohl bei dieser als auch bei der zwei Jahre später stattfindenden Ausstellung einen Preis. Mit dem von Egermann entwickelten Verfahren war es möglich, der Marmorierung weitere Farben hinzuzufügen, die in das Glas eingeschmolzen wurden, wodurch klar definierte Farben in verschiedenen Tönen entstanden. Er hütete das Geheimnis seiner neuen Technik sorgfältig und versuchte sogar, potentielle Nachahmer auf eine falsche Fährte zu locken, indem er verlauten ließ, er verwende pflanzliche Substanzen. Egermann setzte seine Versuche fort und entwickelte 1831 eine weitere Art von Lythalin. Er verkaufte seine Produkte an die Harrach-Fabrik, die von Johann Pohl (1769–1850) geleitet wurde, dem Bruder des berühmten Glasgraveurs Franz Pohl (1764–1834).

Eine weitere technische Neuerung in der Glasherstellung waren die sogenannten *Überfanggläser*, ein aus mehreren Schichten bestehendes Glas, das zuerst in Neuwelt produziert und bald von anderen Fabriken kopiert wurde. Jetzt konnte die Farbe selektiv aufgebracht werden, je dünner die Glasschicht, desto heller der Ton, oder man konnte den ganzen Gegenstand mit einer farbigen Glasschicht versehen und dann durch Schleifen oder Gravieren das transparente Glas darunter zum Vorschein bringen. Diese Technik, kombiniert mit Bemalung oder Vergoldung, brachte der Glasindustrie nahezu unbegrenzte Möglichkeiten und war bis ca. 1850 sehr beliebt. Bei der Gravur eines solchen Stückes entstand ein weißes Bild auf farbigem Untergrund. Die Deckschicht – oder Deckschichten, denn es waren bis zu fünf – wurde nach dem Auftragen in einem Brennofen mit dem Glaskörper verschmolzen. Dies hatte zur Folge, daß nur eine größere Fabrik, die über einen eigenen Brennofen verfügte, mit dieser Technik arbeiten konnte; ein wichtiger Punkt, da sonst die unverzierte Ware zum Schleifen, Vergolden und Bemalen an unabhängige Werkstätten weitergeleitet worden war. Einen ähnlichen Effekt wie beim Überfangglas konnte man durch Färben und Glasieren erzielen. Diese Technik scheint aber nicht so großen Anklang gefunden zu haben, denn bei zeitgenössischen Beschreibungen von Überfangglas wird immer wieder darauf hingewiesen, daß die Farben eingeschmolzen und somit ein fester Bestandteil des Glases waren. Durch den Zusatz von Uran erhielt man ein gelbgrünes Glas, das besonders von den vierziger Jahren des 19. Jahrhunderts an sehr beliebt war. Diese Stücke scheinen bei Tageslicht zu fluoreszieren. Das Material wurde von Josef Riedel erfunden, einem Glasmacher aus dem Isengebirge, und er nannte es nach seiner Frau *Annagelb* oder *Annagrün.* Ähnliche Glasarten gab es in Großbritannien, wo sie Kanarienglas genannt wurden, und in Frankreich. Dieses Verfahren war vielleicht die spektakulärste Neuerung in der Buntglasherstellung, keinesfalls aber die einzige. Die Harrach-Fabrik versuchte neben vielen anderen Fabriken und Glasherstellern, immer neue exotische Farben in transparentem oder opakem Glas zu entwickeln.

Im Laufe der Zeit bildete sich eine Reihe von Formen heraus, die typisch für das Biedermeier sind. Der *Pokal,* ein Schmuckbecher oder eine Vase, ist die wichtigste Grundform, die dann verziert wurde. Neben dem einfachen zylindrischen Glas mit geraden Wänden gab es noch den *Ranftbecher,* der sich zum Fuß, einem dicken geschnittenen Wulst, hin in sanftem Schwung verjüngte. Sowohl der Fuß als auch der Rand waren immer vergoldet. Dickwandige Becher boten sich für kunstvollen Schliff oder Ätzung an; manche davon weisen sogar geschliffene Linsen in der Glaswand auf, durch die man die gravierte oder gemalte Verzierung auf der gegenüberliegenden Seite vergrößert betrachten konnte.

Sockelfüße waren beliebt bei Schalen und Stielgläsern, manche zeigen Kannelierungen, Facetten in Form von Sechs- oder Achtecken oder blütenblattartige Profile. Tafelaufsätze – zwei- oder dreistöckige Schmuckschalen, in denen Süßigkeiten oder Obst zum Nachtisch serviert wurden – und kleine Trinkgläser mit Untersätzen sind ebenso typisch für diese Zeit wie Deckelpokale, Schmuckkästchen und Karaffen.

Die Entwicklung von Preßglas und Formen für geblasenes Glas setzten sich – wenn auch zuerst nur zögernd – auch in der österreichischen und deutschen Glasindustrie durch. Die Verwendung von angefeuchteten Holzformen in der Glasbläserei war nicht neu, man hatte sie schon früher benutzt, wenn man große Stückzahlen auf einmal herstellen wollte. Die Technik wurde jedoch in Amerika im frühen 18. Jahrhundert zu einem Produktionsprozeß weiterentwickelt, wobei man haltbarere Metallformen einsetzte, und gipfelte 1827 in der Einführung von Preßglas. Bei diesem Verfahren wurde das Glas erhitzt, bis es zu schmelzen begann, und in diesem halbflüssigen Zustand in Negativformen gegossen, die recht fein herausgearbeitete Verzierungen aufweisen konnten. Frühe Stücke aus Preßglas ahmen meist das damals heißbegehrte englische geschliffene Glas nach.

Im Unterschied zu dem teuren handbearbeiteten Glas konnte man nun jedoch mit einer einzigen Form schnell und preiswert Hunderte oder Tausende von identischen Stücken anfertigen.

Bis zu diesem Zeitpunkt war ein komplizierter Schliff kostbaren und exklusiven Stücken vorbehalten gewesen, mit der neuen Technik war es möglich, Schliffimitationen in allen Preisklassen anzubieten. Die Glasfabrikanten Österreichs und Böhmens machten sich dieses neue Herstellungsverfahren nur sehr zögernd zu eigen. Von dem Unternehmer Franz Steigerwald weiß man, daß er schon 1836 die Ausrüstung zur Produktion von Preßglas für seine Fabrik in Theresienthal importieren ließ, über seinen Erfolg mit diesem Verfahren ist allerdings nichts bekannt. Sicher ist nur, daß seine Produkte nicht auf den böhmischen Industrieausstellungen jener Zeit vertreten waren. Erst in den folgenden Jahrzehnten gewann das Preßglas entscheidend an Bedeutung. Josef Lobmeyr, ein Glashändler und Fabrikbesitzer, hatte jedoch schon früh solchen Erfolg mit aus Frankreich importierter Ware, daß er beschloß, selbst Preßglas herzustellen.

Die meisten der böhmischen Glasfabriken entschieden sich für die traditionelle Herstellung und Bearbeitung ihrer Produkte und spezialisierten sich auf Buntglas, als sie bemerkten, daß sie beim Preßglas nicht mit England und Frankreich konkurrieren konnten.

Einzelne Händler hatten erstaunlich großen Einfluß auf den Geschmack. Da die Industrie so unterschiedlich arbeitete und ein Stück häufig noch durch die Hände verschiedener Schleifer, Graveure und Maler ging, nachdem es die Fabrik verlassen hatte, waren es die Händler, die Änderungen im Geschmack der Kundschaft am besten voraussagen konnten. Einer der bekanntesten Glashändler, Franz Steigerwald, verkaufte in seinem Geschäft in Würzburg Stücke der angesehensten böhmischen Graveure und eröffnete um 1850 sogar einen Laden in England.

Eine besondere Spezialität des böhmischen Glases war seine reiche Verzierung, wobei ein einziges Stück oft vergoldet, graviert und zusätzlich noch bemalt war. Graveure wie Dominik Biemann, August Böhm und Anton Pelikan waren sehr gefragt; Biemann erhielt den Auftrag, für einige der bedeutendsten Persönlichkeiten aus dem österreichischen Adel Porträts auf Glas anzufertigen. Glasmaler wie Samuel Mohn und sein Sohn Gottlob Samuel Mohn und Anton Kothgasser, die sich auf Blumen, gefühlvolle Darstellungen von Liebe und Freundschaft und Stadtansichten spezialisiert hatten, arbeiteten technisch perfekt in Gouache und Email.

## GLASGRAVEURE

Dominik Biemann (1800–1857) ist als einer der besten böhmischen Glasgraveure der Biedermeierzeit bekannt. Er wurde in Neuwelt als Sohn eines Formenbauers der Harrach-Fabrik geboren. Ab 1825 arbeitete er in dem Badeort Franzensbad, wo er vermögende Gäste während ihres Kuraufenthaltes porträtierte. Diese Porträts sind seine wohl bekanntesten Arbeiten. Zwei Jahre später besuchte er die Akademie der Schönen Künste in Prag und erhielt anschließend die Erlaubnis, dort einen Gravurbetrieb zu eröffnen. Biemann stellte seine Arbeiten auf den Prager Industrieausstellungen von 1829 und 1831 aus, darunter Porträts von Goethe, Napoleon und Kaiser Franz I. Sein Ruf als erstklassiger Graveur von Porträts und anderen Sujets wie Jagdszenen und Darstellungen historischer Themen war 1835 bis nach Berlin gedrungen, und er erhielt den Auftrag, die preußische Königsfamilie zu porträtieren. Biemann belieferte Franz Steigerwald (1789 – um 1865), den Unternehmer, für den er seit 1828 gearbeitet hatte.

Seine Geschäftstüchtigkeit scheint jedoch kaum seinem überragenden Können entsprochen zu haben, er wurde von Steigerwald sehr schlecht bezahlt, und seine Versuche, 1839 in Wien ein eigenes Geschäft zu eröffnen, waren nicht von Erfolg gekrönt. Viele Stücke, die nachweislich aus dem Würzburger Geschäft von Steigerwald stammen, werden Biemann zugeschrieben, obwohl sie im Gegensatz zu seinen Franzensbader Porträts und anderen Arbeiten unsigniert sind. Er war zweifellos ein Perfektionist und mehr Künstler als Geschäftsmann, nur so sind seine Liebe zum Detail und seine überragende Technik zu erklären. Durch den ständigen Umgang mit Vergoldungen bekam Biemann eine Quecksilbervergiftung und war gegen Ende seines Lebens nicht mehr arbeitsfähig.

August Böhm (1812–1890) und Franz Anton Pelikan (1786–1858) sind die

**Oben:** Schmuckvase mit Goldrand und Blumenbemalung. Signiert und datiert Gottlob Samuel Mohn, Wien, 1814. Solche Gläser waren bei den Besuchern Wiens als Erinnerungsstücke sehr beliebt.

beiden anderen herausragenden Graveure dieser Zeit. Pelikans Arbeit wurde auf der Prager Industrieausstellung von 1831 gezeigt und von einem der führenden Glashändler der Region, Bienert in Teplice, verkauft, der einen Beitrag zum Wiener *National-Fabrikproduktenkabinett* leistete. Lediglich ein signiertes Stück von Pelikans Arbeiten ist erhalten, aber verschiedene unsignierte Objekte wie Schmuckvasen mit Jagdszenen werden ihm aufgrund detaillierter Analysen der Gravurtechnik und Sujets zugeschrieben. Böhm spezialisierte sich auf Schlachtenbilder (ein beliebtes Sujet der Graveure des Biedermeier), historische Szenen, für die ihm Gemälde als Vorlage dienten, und Porträts.

## GLASMALER

Samuel Mohn (1762–1815) war ursprünglich Porzellanmaler. Um 1806 begann er mit transparenten Emailfarben auf Glas zu experimentieren, einer Technik, die er wiederentdeckt zu haben beanspruchte, nachdem sie lange in Vergessenheit geraten war. Er schickte der preußischen Königin Louise ein Muster seiner Arbeit, eine bemalte Schmuckvase, die wohl ihren Beifall fand, denn Mohn stand in den folgenden Jahren hoch in der Gunst des preußischen Königshauses. Mohns Arbeit in dieser Technik ist unerreicht. Seine Lieblingsmotive waren Sehenswürdigkeiten und Stadtansichten, darunter das Brandenburger Tor in Berlin und seine Heimatstadt Dresden, in die er 1809 von Leipzig übergesiedelt war.

Anders als sein Zeitgenosse, der Graveur Dominik Biemann, war Mohn nicht nur ein hervorragender Künstler, sondern auch ein tüchtiger Unternehmer und Geschäftsmann, der ein erfolgreiches und äußerst produktives Unternehmen für Glasmalerei führte, in dem er mehrere andere Maler beschäftigte, wie aus zusätzlichen Signaturen auf seinen Stücken hervorgeht. Er fertigte emailbemalte Gläser in jeder Preislage, angefangen von Stücken mit einfachen Schmetterlingen oder Blumen bis hin zu kunstvollen Panoramaansichten und Landschaften, manchmal sogar mit Inschriften versehen.

Mohns Sohn, Gottlob Samuel Mohn (1789–1825) besuchte die Akademie der Schönen Künste in Dresden, bevor er in die Fußstapfen seines Vater trat und nach Wien übersiedelte, wo er mit derselben Technik große Anerkennung fand. Das Geheimnis des Erfolges von Vater und Sohn lag in der Einzigartigkeit ihrer Arbeiten – nur sehr wenige Glasmaler wußten, welche Substanzen und Schmelztechniken benötigt wurden, um lebhafte, transparente Farben haltbar auf dem Glas aufzubringen. Gottlob Samuel Mohn war so angesehen,

**Rechts:** Drei Ranftbecher. Von links nach rechts: Glas eines unbekannten Künstlers mit Spielkartenillustration; Glas mit Landschaftsbild und der Unterschrift *Frauenthor à Baden*, Anton Kothgasser zugeschrieben; Glas mit Stadtansicht und der Unterschrift *La cathédrale de St. Étienne à Vienne*, ebenfalls Anton Kothgasser zugeschrieben. Die Tatsache, daß die Unterschrift in französischer Sprache abgefaßt ist, läßt auf die touristische Bedeutung Wiens schließen.

daß er sich in gehobenen Kreisen der Gesellschaft bewegen konnte und 1813 den Auftrag erhielt, die Bemalung für die Fenster von Schloß Laxenburg anzufertigen.
Gottlob Mohn scheint zumindest einige Zeit neben seinem Hauptkonkurrenten in Wien, Anton Kothgasser (1769–1851), gearbeitet zu haben. Kothgasser hatte ab 1781 an der Wiener Akademie der Schönen Künste studiert und anschließend als Maler und Vergolder in der Wiener Porzellanmanufaktur gearbeitet. Seine ersten bemalten Gläser entstanden um 1812, während er noch bei der Manufaktur beschäftigt war. 1816 gab er die Anstellung auf und arbeitete freiberuflich. Er verwendete sowohl transparentes als auch opakes Email und bevorzugte zylindrische Gläser mit geraden Wänden oder *Ranftbecher*, sich zum schweren Fuß hin verjüngende Becher mit Goldrand. Eine Besonderheit seiner Arbeit ist, daß die Bemalung immer eine silberne Umrandung hat. Seine Sujets reichten von den allseits beliebten Stadtansichten, Blumen und Pflanzen und Porträts bis hin zu einer ganzen Reihe von Darstellungen des Wiener Stephansdoms. Er arbeitete auf transparentem und weißem Untergrund. Viele seiner Erzeugnisse wurden von dem Händler Leopold Schadlbauer verkauft, der einen Laden am Stephansplatz in Wien hatte.

Stücke aus der Wiener Porzellanfabrik mit handgemaltem Weinrebenmotiv, grün auf weißglasiertem Grund, 1822.

**Rechts:** Kanne für Kaffee oder Schokolade, Teekanne und Tasse mit Untertasse.

**Unten:** Obstschale, ebenfalls aus der Wiener Porzellanfabrik, um 1825.

# BIEDERMEIERPORZELLAN

Das Porzellan der Biedermeierzeit stand in gewisser Weise im Schatten der spektakuläreren Entwicklung in der Glasherstellung und -bemalung. Sowohl Samuel Mohn als auch sein Sohn Gottlob Samuel waren von der Porzellanmalerei zur Glasmalerei gekommen.

Wie beim Glas lag auch beim Porzellan des Biedermeier der Schwerpunkt eher auf der Verzierung und Oberflächengestaltung als auf der Form, und ebenfalls wie beim Glas gab es eine Auswahl von Dekors, die für jeden Geschmack und Geldbeutel etwas bot. Die Porzellanformen waren stark von klassischen Vorbildern geprägt; Urnen und Amphoren sind bei den Auftragsarbeiten häufig vertreten.

Einen entscheidenden Einfluß auf das Biedermeierporzellan übte die Kaiserlich-Königliche Porzellanmanufaktur in Wien aus. Sie war ein Jahrhundert zuvor, 1718, gegründet und 1744 vom Staat übernommen worden. Sie war hoch angesehen für ihre Dekorationsobjekte, darunter Schmuckteller mit traditionellen Stadtansichten, Kopien von berühmten Gemälden und allegorischen Szenen oder Genreszenen, die man auch zur Verzierung von Tassen und Untertassen verwendete.

Vergoldungen waren außerordentlich beliebt, besonders an Rändern, Kanten

**Rechts:** Bemaltes Porzellan aus der Wiener Porzellanfabrik, um 1825.

**Links:** Tasse und Untertasse mit Goldrand und Porträt von Kaiser Franz I. Wiener Porzellanfabrik, 1849.

**Oben** und **gegenüber:**
Drei Illustrationen aus der Kaiserlich-Königlichen Porzellanmanufaktur. Gouache auf Papier, signiert Johann Garo, Friedrich Gesswald und Josef Wundsam, datiert 1819 und 1820.

und Griffen; wertvollere Stücke wiesen auch Golddekor im Inneren auf. Obwohl es in der Keramikindustrie zu jener Zeit keine großartigen technischen Neuerungen gab, hatten doch neue Arbeitsmethoden Auswirkungen auf den Produktionsablauf der Kaiserlich-Königlichen Porzellanmanufaktur. Matthias Niedermayer, von 1805 bis 1827 Direktor der Manufaktur mit 500 Beschäftigten, behielt die strenge Arbeitsteilung bei, die sein Vorgänger Conrad Sögel von Sorgenthal eingeführt hatte. Eine gleichbleibend hohe Qualität wurde dadurch gewährleistet, daß die Porzellanmaler in Gruppen aufgeteilt wurden, die jeweils nur ein bestimmtes Sujet bearbeiteten: z. B. Landschaften, Porträts, Blumen oder Ornamente. Diesen Künstlern stand für ihre Arbeit an wertvollen Stücken eine Vielzahl von verschiedenen Farben zur Verfügung.
Die Manufaktur hatte ein weitgefächertes Angebot, angefangen vom einfachen Teller mit einfarbigem Dekor mit Blüten- oder Blättermotiv und Schmuckrand bis hin zum großen, üppig verzierten Service, das ein wohlhabender Kunde in Auftrag gegeben hatte und an dem mehrere Maler gleichzeitig arbeiteten.
Obwohl die Künstler der Porzellanmanufaktur durchweg niederländische Maler wie Jan van Huysum und Rachel Ruysch kopierten, gab es unter ihnen auch außergewöhnliche Talente wie den Maler Josef Nigg (1782–1863), der sich auf Stilleben spezialisiert hatte. Die Manufaktur vergab auch Aufträge an renommierte Künstler außerhalb des eigenen Unternehmens. Nigg, der die Akademie der Schönen Künste in Wien besucht hatte, arbeitete bis 1848 für die Porzellanmanufaktur. 1864 stellte die Manufaktur den Betrieb ein, weil die Konkurrenz der böhmischen Unternehmen zu groß wurde, die über eigenes Kaolin verfügten und daher kostengünstiger produzieren konnten.

# ARCHITEKTUR, INTERIEURS UND HÄUSLICHES LEBEN IM BIEDERMEIER

Architektur und Innenarchitektur der Biedermeierzeit können als Ergebnis verschiedener Stilrichtungen betrachtet werden. Hier findet, wie beim Möbeldesign, das Biedermeierideal seinen Ausdruck. Die recht rasche Entwicklung von dem von Hof und Aristokratie beherrschten Geschmack des Empire zu einer weitergefaßten und demokratischeren Ästhetik in den Jahren nach dem Wiener Kongreß läßt sich an der Raumausgestaltung besonders gut nachvollziehen, weitere Hinweise gibt die Architektur der vom Staat oder Privatleuten in Auftrag gegebenen Bauten jener Zeit.

## HÄUSLICHE RAUMGESTALTUNG

**Links:** Teile eines Interieurs im frühen Biedermeierstil, rekonstruiert von Rupert Cavendish. Das schwedische Birkenholzsofa aus der Zeit um 1830 ist mit italienischer Seide mit großen Kranzmotiv bezogen. Die Vorhänge werden von einem Medaillon zurückgehalten. Die Kissen zeigen ein sehr gelungenes *trompe-l'œil*-Leopardenfellmuster.

Die Wertmaßstäbe für die Einrichtung und die typischen Merkmale des Wohnraums in der Biedermeierzeit entstanden im wesentlichen aus der Notwendigkeit heraus. Das allmähliche Wirtschaftswachstum, das bereits Mitte des vorangegangenen Jahrhunderts eingesetzt hatte und nur durch die Napoleonischen Kriege aufgehalten worden war, führte dazu, daß Grund und Boden in den Städten knapp wurden. Das traf besonders auf Wien zu, wo die Befestigungsanlagen eine Ausdehnung erschwerten. Dieses tatsächliche und politische Hemmnis bestand bis zum 25. Dezember 1857, als Kaiser Franz Joseph I. per Dekret den Abriß der Befestigungsanlagen erlaubte und damit eine Erweiterung der Innenstadt ermöglichte. Das Jahr 1857 wird von vielen Kunsthistorikern als das Ende der Biedermeierzeit in bezug auf Architektur und Innenarchitektur angesehen. Die Bevölkerung Wiens wuchs von etwa 300 000 Einwohnern in den zwanziger Jahren des 19. Jahrhunderts auf ca. 430 000 im Jahre 1857 an. Der Zustrom von Menschen, darunter eine beträchtliche Anzahl von wohlhabenden Bürgerlichen, in ein geographisch begrenztes Gebiet schuf neue Anforderungen an die Lebensweise. Die erforderlichen räumlichen Einschränkungen zeigen sich sowohl in der Architektur als auch in den Lebensgewohnheiten der Bürger. Man kann das Biedermeier daher als Lebenseinstellung ansehen, es war weit mehr als nur ein Stil wie Empire oder Rokoko.

Die oberen Gesellschaftsschichten – Hof und Adel, die zuvor die Mode diktiert hatten – übernahmen nun den bürgerlichen Geschmack und ahmten

**Unten:** Höhenverstellbares Schreibpult.

ihn in hohem Maße nach: eine ungewöhnliche, jedoch nicht einmalige Entwicklung. Selbst der Kaiser scheint in den Jahren nach dem Wiener Kongreß eine Vorliebe für schlichtere Möbel und Inneneinrichtung gehabt zu haben, wenn man zeitgenössischen Berichten Glauben schenken darf.

Eine weitere bedeutende Persönlichkeit der Wiener Gesellschaft, Erzherzog Karl (1771–1847), früherer Militär und Gegner Napoleons bei der Schlacht von Aspern im Mai 1809, trug zu dieser Tendenz zu einem universelleren Geschmack bei. Er beauftragte den Architekten Josef Kornhäusel (1782–1860), der wohl am ehesten mit der Baukunst des Biedermeier in Verbindung gebracht wird, mit der Planung seiner Stadtresidenz, der Albertina, und seines Landsitzes, Schloß Weilburg in der Nähe von Baden in Südösterreich. (Das Mobiliar von Schloß Weilburg stammt weitgehend aus der Danhauserschen Möbelfabrik, die sich in erster Linie als Lieferant von vorgefertigten Möbeln für das Bürgertum einen Namen gemacht hatte.) Kornhäusel besuchte die Akademie der Schönen Künste in Wien und war dann bis 1818 bei Prinz Liechtenstein als Architekturdirektor angestellt.

In den zwanziger Jahren des 19. Jahrhunderts war er an vielen Bauaufträgen in Wien beteiligt, darunter die Albertina, ein Gebäude, das er zwischen 1822 und 1824 für Erzherzog Karl umbaute, und Schloß Weilburg, das zur selben Zeit nach seinen Plänen errichtet wurde. In beiden Fällen sollte Kornhäusel die traditionelle Funktion eines Adelshauses – den in Generationen erworbenen Reichtum und Glanz der Familie zur Schau zu stellen – mit dem Wunsch nach Komfort und Zweckmäßigkeit verbinden. Er bewältigte diese Aufgabenstellung, indem er den öffentlichen und privaten Bereich des Gebäudes klar voneinander trennte.

Stilistisch zeigen Kornhäusels Bauten seine persönliche Interpretation klassizistischer Formen. Er war ein Meister darin, diese konventionelle Ästhetik, die keineswegs charakteristisch für das Biedermeier war, mit der für diese Zeit so typischen, nahezu prosaischen Liebe zu Detail und Funktion zu verflechten.

Neben der bereits erwähnten Knappheit an Bauland gab es noch einen weiteren Faktor, der einen wesentlichen Einfluß auf die Architektur jener Zeit hatte. Wenn man bedenkt, welche Kontrollfunktion der Staat in anderen Bereichen kreativer Betätigung ausübte, wird es kaum verwundern, daß es auch im Bereich der Architektur strenge Richtlinien gab. Wenn man schon für die Eröffnung einer bescheidenen Möbelwerkstatt eine Lizenz benötigte, wenn im voraus eine Genehmigung für die Veröffentlichung eines Buches oder sonstigen Druckerzeugnisses eingeholt werden mußte, liegt es nahe, daß der Staat auch bei einer so sichtbaren und dauerhaften Manifestation persönlichen Ausdrucks wie einem Gebäude nicht auf ein Mitspracherecht verzichten wollte. Es gab eine ganze Reihe von Richtlinien. So durften zum Beispiel religiöse Bauten, außer katholischen, per Gesetz von der Straße aus nicht sichtbar sein; eine Synagoge, an deren Bau Kornhäusel beteiligt war, mußte also hinter einem Wohnhaus verborgen werden. Weiteren Einfluß übte der Staat über den Hofbaurat aus, einen Ausschuß, der 1809 gegründet wurde und durch beispielhafte Bauten der Architektur einen Weg weisen sollte. Das Wiener Polytechnische Institut wurde nach den Plänen des Hofbaurates errichtet.

Es mag sonderbar anmuten, daß ein Staat die »revolutionären« Aspekte der Baukunst fürchten sollte, es war jedoch zweifellos der Fall. Der Historismus, der in der Architektur früher aufkam als im Möbeldesign, wurde als potentiell aufrührerisch betrachtet und von Metternich und Peter von Nobile (1774 bis 1854), den Metternich 1818 zum Leiter des Bereichs Architektur an der Akademie der Schönen Künste ernannt hatte, streng verfolgt. Von Nobiles Werk ist in vieler Hinsicht charakteristisch für den vom Staat erwünschten streng formalen Klassizismus. Sein in den Jahren 1819 bis 1823 im Volksgarten errichteter Theseustempel kann als typisch angesehen werden, nicht nur für eine recht offensichtliche politische Allegorie (das Gebäude beherbergt Antonio Canovas Skulptur von Theseus im Kampf mit dem Minotaurus), sondern auch für die strenge Befolgung einer Reihe von ästhetischen Gesetzen, die nicht in Frage gestellt wurden und dem Architekten wenig oder keinen Spielraum zu persönlicher Entfaltung ließen.

Das Gebäude selbst war die Kopie eines Athener Tempels, wenngleich in etwas bescheidenerem Ausmaß. Diese Art der Planung wurde auch für andere offizielle Gebäude übernommen und hatte einen rigorosen nüchternen Funktionalismus zur Folge, der jedoch eher der Notwendigkeit entsprang, große, eindrucksvolle und zugleich zweckmäßige Gebäude mit möglichst geringem Kostenaufwand zu erstellen, als der Entwicklung einer neuen Ethik der Architektur.

Peter von Nobiles Nachfolger an der Akademie der Schönen Künste war einer seiner Schüler, der Architekt Paul Sprenger (1789–1854), der mit der offiziell gebilligten Doktrin des Klassizismus sehr gut zurechtkam. 1828 wurde er zum Professor für Architektur an der Akademie ernannt, und 1842 übernahm er die Leitung des Hofbaurats. Sein Einfluß auf die Wiener Architektur in dieser Zeit war bemerkenswert, da er den beiden Institutionen vorstand, die direkt oder indirekt eine Kontrolle über Geschmack und Mode auf diesem Gebiet

**Rechts:** Mahagonisekretär mit ausziehbarer Schreibfläche. Wien, frühes 19. Jahrhundert. Der Bogen in der Mitte weist auf das Aufkommen gotischer Stilelemente hin, die mit dem Historismus ab den dreißiger Jahren beliebt wurden.

**Links:** Birkenholzkommode mit Einlegearbeiten in Rosen- und Satinholz. Dänemark, um 1820.

ausübten. Typisch für seinen Stil sind das Wiener Zollamt und die Provinzfinanzverwaltung, die in den Jahren von 1840 bis 1847 entstanden. Kurz nach Vollendung dieser Gebäude wandte sich Sprenger jedoch erstaunlicherweise dem Historismus zu.

Der Wandel der Lebensbedingungen stand in einer Wechselwirkung mit den Änderungen in der Architektur von Wohngebäuden in Wien und seinen Vorstädten. Die größte Auswirkung auf das Leben in Stadt und Vorstadt hatte wohl die Errichtung von Appartementblocks. Sie dienten als Stadtwohnung für die reicheren Bürger der Mittelschicht und als ständige Wohnung für die weniger vermögenden. Diese Blocks hatten normalerweise fünf bis sechs Stockwerke und eine beeindruckende Fassade mit sehr regelmäßig angelegten Türen und Fenstern. Symmetrie war höchstes Gebot, auch wenn die Anlage selbst und der Grundriß asymmetrisch waren, versuchte man, bei der Fassade die Illusion von Regelmäßigkeit aufrechtzuerhalten. Im Parterre war die Fassade häufig sehr kunstvoll geschmückt mit Ziersimsen und Säulen mit Sockel und Kapitel neben den Türen. Nach oben hin änderte sich der Fassadenschmuck und wurde zunehmend schlichter, wobei die Betonung der Horizontalen beibehalten wurde. An reich verzierten Fassaden fanden sich häufig Bogenfenster oder Lünetten. Der Zugang zu den einzelnen Wohnungen erfolgte über gemeinsame Vorräume und Treppenhäuser oder offene Zugänge an der Außenseite.

## INNENEINRICHTUNG

**Unten:** Geöffnet verwandelt sich dieselbe Kommode in einen Schreibschrank mit Fächern für Schreibgeräte und Papier. Solche Möbelstücke, die mehrere Funktionen erfüllen, waren sehr gefragt für Wohnräume, die privat genutzt wurden und gleichzeitig repräsentativen Zwecken dienen mußten.

Auch das Innere eines Stadthauses oder einer Wohnung im Biedermeier war beeinflußt von der Notwendigkeit, möglichst viel Platz zu sparen. Aus dieser Notwendigkeit heraus entstand eine Reihe von bemerkenswerten Möbeln, darunter sichtlich funktionale und platzsparende Stücke wie Sekretäre und Ausziehtische neben z. T. völlig absurd wirkenden multifunktionalen Gegenständen, die in den Katalogen der Danhauserschen Möbelfabrik zu finden sind. Leider ist keines dieser außergewöhnlichen Stücke, wie z. B. das tragbare Waschgestell, erhalten, es ist sogar unklar, ob diese Stücke jemals angefertigt

und verkauft wurden. Der Patentsekretär dagegen, der nach einem Design entwickelt wurde, das Thomas Sheraton im späten 18. Jahrhundert veröffentlicht hatte, scheint ein sehr gefragtes Möbelstück gewesen zu sein. Er konnte als leichter Schreibtisch oder als Ofenschirm verwendet werden. Andere Möbelarten, wie das sogenannte Zylinderbureau (ähnlich wie ein Rollpult, nur daß die Rollade aus einem festen zylindrischen Teil besteht), waren funktional, ohne daß die eigentliche Funktion sofort erkennbar war.

Das Wohnzimmer spielte im Biedermeier eine ganz wichtige Rolle und war Mittelpunkt des Hauses. Es diente jetzt nicht mehr ausschließlich der Repräsentation, d. h. als Empfangsraum für Gäste, denen man den Wohlstand der Familie demonstrieren wollte. Es wurde zu einem komfortablen, vielseitigen Raum, in dem die Familie gemeinsam die Abende mit Lesen, Spielen, Musizieren oder Handarbeiten verbrachte.

Trotzdem mußte dieser Privatraum immer noch so repräsentabel sein, daß man dort Gäste empfangen konnte. Ganz abgesehen davon, daß die Bourgeoisie nicht über das nötige Einkommen verfügte, um Kunst und Kunsthandwerk großzügig zu honorieren, bestand auch gar nicht das Bedürfnis, den Wert eines Möbelstücks nach dem Preis zu bewerten.

Auch im Arrangement des Mobiliars zeigte sich die neue, auf die Familie ausgerichtete Haltung. Das Wohnzimmer war so eingerichtet, daß es seinen vielseitigen und verschiedenen Funktionen gerecht werden konnte. Die Möbel waren jetzt kleiner als zur Zeit des Rokoko oder Empire. Entgegen der allgemeinen Entwicklung im Möbeldesign spielten bei den Interieurs Details eine immer größere Rolle, die Ausdruck einer persönlichen oder sogar sentimentalen Beziehung zu den Dingen waren. Andenken, Erinnerungsstücke an Familienmitglieder oder Freunde und Reisesouvenirs wie mit Bildern von Sehenswürdigkeiten bemalte oder gravierte Ziergläser wurden auf Regalen, dem Kaminsims oder in einer Vitrine ausgestellt.

Aus praktischen Gründen, weil man Platz sparen und nicht auf Komfort verzichten wollte, trat das so hochgeschätzte Prinzip der Symmetrie immer mehr in den Hintergrund.

Eine sehr aufschlußreiche Informationsquelle bezüglich der Einrichtung des normalen Biedermeierhaushaltes bieten Aquarell- und Gouachebilder, die bei den Bürgern der Mittelschicht besonders beliebt waren, die sich die teureren Ölgemälde meist nicht leisten konnten. Weitere wertvolle Informationen bieten die Entwürfe der Danhauserschen Möbelfabrik, die sich jetzt im Österreichischen Museum für angewandte Kunst befinden. Sie zeigen eine Vielzahl von Stoffmustern und Draperien.

**Rechts:** Klapptisch aus Birkenholz und Mahagoni mit Einlegearbeiten in Rosen- und Satinholz, ebenholzfarben gebeizte Verzierungen. Dänemark, um 1820. Ein platzsparendes Möbelstück, die hochgeklappte Tischplatte konnte als Dekoration genutzt werden.

Die Farben des Biedermeierinterieurs waren, wie übrigens in vielen anderen Stilepochen auch, so leuchtend, daß man sie heute als grell bezeichnen würde. Mit den Fortschritten in der Verwendung von Pigmenten und Färbemitteln konnte man immer kräftigere und sattere Farben erzeugen, die von den Innenausstattern jener Zeit begeistert aufgenommen wurden. Leider sind nur sehr wenige Beispiele von Tapeten oder Bezugsstoffen erhalten, die meist auch noch verblichen und verschlissen sind und nur wenig von ihrer einstigen Brillanz bewahrt haben. Um einen Eindruck von der Beliebtheit der äußerst lebhaften

**Unten:** Heinrich Krüppel: Grünes Zimmer mit Blick auf die Veste Burglaßschlößchen in Coburg. Gouache, signiert und datiert Juni 1832. Obwohl es sich hier mit Sicherheit um ein aristokratisches und nicht um ein bürgerliches Interieur handelt, weist es doch viele Merkmale der typischen Biedermeierwohnung auf. Die Decke ist rein weiß gestrichen, mit Ausnahme der Stuckrosette, die wie der Fries in der Kehlung farblich abgehoben ist.

Das kräftige Streifenmuster der Wandverkleidung ähnelt den Möbelbezugsstoffen der Zeit. Beachten Sie auch die kunstvoll drapierten Vorhänge, deren Farben sich in den Bezügen von Sofa und Stühlen wiederholen. Der von Wand zu Wand reichende Bodenbelag hat ein großes geometrisches Muster.

Farben zu gewinnen, sollte man einen Blick in die Musterbücher der Seidenweber aus dem frühen 19. Jahrhundert werfen; die dort vor Licht und Staub geschützten Stoffe weisen eine bemerkenswerte Auswahl von Farben und Mustern auf.

Ein sehr beliebtes Muster sowohl für Tapeten als auch für bedruckte und gewebte Textilien war ein breiter Streifen, der häufig ein wiederholtes Motiv wie einen Blumenstrauß aufwies, das dann von einem schmalen andersfarbigen Streifen eingefaßt war.

Dieses Muster gilt als charakteristisch für das Biedermeier, obwohl daneben eine Vielzahl anderer wie z. B. Streublümchenmuster existierte. Klassizistisch beeinflußte Friesdesigns, darunter Blatt- oder Blütenmuster, waren häufig, vor allem unter der Deckenkehlung, direkt über der Scheuerleiste und noch einmal, in kleinerer Ausführung, dort, wo die Kehlung in die Zimmerdecke übergeht.

Das gleiche Muster wiederholte sich bei der Einfassung der Deckenrosette und war entweder auf Papier gedruckt oder wurde mittels Schablone direkt auf die Decke aufgetragen. Eine weitere Dekoration, besonders in wohlhabenderen Haushalten, bestand aus *trompe-l'oeil*-Wandmalereien, die den Eindruck von Stuckreliefs erwecken sollten und meist klassische Motive wie Urnen und Akanthusblätter zeigten.

Die Zimmerdecke war im Gegensatz zu den lebhaft gemusterten Tapeten und Möbelbezügen meist in hellen Tönen, oft in Weiß, gehalten. Stuckreliefs wie Deckenrosetten, Kehlungen und Bilderleisten waren häufig farblich abgesetzt.

In den zwanziger Jahren des 19. Jahrhunderts kamen Draperien in Mode. Die Fenstervorhänge bedeckten schließlich ganze Wände. Sie waren an Leisten aufgehängt und wurden von spitzen- und bortenverzierten Bändern oder von Haken zurückgehalten, die mit einem kleinen vergoldeten Medaillon geschmückt waren.

Auch Girlandenbehänge waren beliebt. Draperien in zarten Farben anstelle von Tapeten zu verwenden war vor allem in Ankleideräumen und Damenschlafzimmern beliebt.

Stühle und Toilettentische waren mit passendem Stoff bezogen, das Bett wurde unter üppigen Draperien verborgen oder in bescheideneren Haushalten mit dem traditionellen *Couvertrahmen*, einem gepolsterten, auf einem Rahmen gezogenen Bettüberwurf bedeckt.

Die Kataloge der Möbelfabrik Josef Danhauser zeigen, daß sich die Verwendung üppiger Draperien keineswegs nur auf Schlafräume beschränkte: Es gibt Illustrationen von Sofas und Stühlen, die fast völlig unter Stoffmassen ver-

schwinden. Diese weichen Formen der Möbel unterstrichen den privaten und luxuriösen Charakter des Wohnraums.

Der Bodenbelag im Biedermeier war im Vergleich zur übrigen Einrichtung sehr einfach. Parkett- oder in bescheideneren Haushalten Dielenböden bildeten einen Kontrast zu den üppigen Polstern und Draperien, gemusterte Läufer oder Teppiche lagen unter Stühlen, Sofas und Tischen. Daneben gab es auch große Teppiche, mit denen der ganze Raum ausgelegt war. Für den Bodenbelag bevorzugte man dunklere Töne und mittelgroße Rapporte von Blumen, Blättern oder abstrakten Mustern.

Die Liebe zur Natur und allem Natürlichen war eine neue Entwicklung im Biedermeier, die ihre Wurzeln in der Kunst, Literatur und Philosophie der im späten 18. Jahrhundert entstandenen Romantik hatte. Sie war eine Gegenbewegung zum Materialismus von Wissenschaft und Industrie und zum Formalismus der klassizistischen Ästhetik in Kunst und Architektur. Man kann sie als nostalgische Rückbesinnung auf die vorindustrielle Ära betrachten, als die Vorstellung, daß das Leben natürlicher und einfacher war, bevor es Maschinen,

**Oben:** Emilius Bärentzen: *Porträt der Familie Schram.* Öl auf Leinwand. Das Bild zeigt eine bescheidenere Biedermeierwohnung. Beachten Sie den einfachen Dielenboden und den kleinen Teppich unter dem Tisch. Jedoch auch hier finden sich kunstvoll drapierte Vorhänge, und die Sitzmöbel sind bequem gepolstert.

Städte und Wissenschaften gab. Ganz gleich, ob dies zutreffend war – eine sehr unwahrscheinliche Annahme für die Donaumonarchie, da in der vorindustriellen Zeit die Mehrzahl der Einwohner Landarbeiter waren, die auf Subsistenzniveau lebten –, es hatte eine große Wirkung auf die Einstellung zur Natur im Biedermeier.

Die deutschen Dichter des *Sturm und Drang*, darunter der junge Johann Wolfgang von Goethe (1749–1832) und Johann Gottfried Herder (1744–1803) oder der englische Schriftsteller Sir Walter Scott (1771–1832), schufen ein lebhaftes Bild von ländlicher Idylle. Dies war eine Vorstellung, die die Schriftsteller des Biedermeier, darunter Adalbert Stifter (1805–1868) mit seiner Novelle *Der Nachsommer*, begeistert unterstützten. Die Tendenz setzte sich von Literatur und Kunst über Landschaftsarchitektur und Gartendesign bis hin zur Inneneinrichtung durch, wo sie in großen Zimmerpflanzen- und Blumenarrangements ihren Ausdruck fand, die manchmal mit ganz unwahrscheinlichen Möbelstücken kombiniert wurden, wie z. B. einem Blumenständer mit Vogelkäfig und Goldfischglas, der im Katalog der Möbelfabrik Danhauser abgebildet ist.

In einem Biedermeierwohnzimmer gab es häufig eine Jardiniere und ein oder zwei schlichtere Blumenständer, auch hielt man gern Vögel im Käfig, denn ihr Gezwitscher trug dazu bei, den Eindruck vom Leben auf dem Lande zu verstärken.

## DAS LEBEN IM FREIEN

Der Trend zu Natürlichem zeigte sich nicht nur in der Einrichtung der Wohnung. Wohlhabendere Familien konnten es sich noch erlauben, eine Stadtwohnung und einen Landsitz zu unterhalten, und brauchten daher ihre Liebe zur Natur nicht besonders zu betonen, für das Gros der Bevölkerung dagegen rückte das Landleben in immer weitere Ferne. Wenige Häuser in Wien verfügten über einen eigenen Garten, wie in anderen europäischen Großstädten wurde dies durch den zunehmenden Bau von Apartmenthäusern unmöglich. Als Ersatz richtete die Regierung öffentliche Parks wie den Prater oder den Augarten am Donauufer ein.

Der bei den Wienern sehr beliebte Prater war eine Mischung aus Vergnügungspark, Parkanlage und Wald. Bevor Kaiser Joseph II. ihn der Öffentlichkeit zugänglich machte, war er Jagdrevier für die Elite des Adels gewesen. Diese ursprüngliche Funktion erklärt seine Größe und die sehr naturalistische

Anlage, der kaum anzumerken ist, daß sie von Menschenhand geschaffen wurde, wenn man einmal von den Boulevards und den zahlreichen Monumenten, Pavillons und Cafés absieht. Es gab Wirtshäuser und Schenken für die vielen Menschen, die im Sommer an den traditionellen Feiertagen den Prater besuchten oder im Winter dort Fasching feierten. Auf dem *Feuerwerksplatz* wurde mehrmals im Jahr ein Feuerwerk veranstaltet. Der Prater war ein beliebtes Motiv für Künstler und Illustratoren, so daß uns reichhaltiges Bildmaterial über das Leben im Wien der Biedermeierzeit überliefert ist. Zeitgenössische Dichter haben das Faschingstreiben im Prater detailliert beschrieben. Ihre Berichte zeigen, wie vielfältig der Park von den Wienern genutzt wurde.
Da gibt es den gemächlichen Familienspaziergang in angenehmer Umgebung, Musikveranstaltungen unter freiem Himmel und die weniger idealisierten und damit wohl realistischeren Beschreibungen alkoholisierten Frohsinns der Arbeiterklasse an Feiertagen. Der Augarten in der Leopoldstadt im Süden Wiens war eher eine gepflegte, von öffentlichen Wegen unterteilte Parkanlage. Auch hier wurde ausgelassen Fasching gefeiert, außerhalb der Karnevalszeit war er beliebter Veranstaltungsort für Konzerte unter freiem Himmel.

**Oben:** Gouache eines unbekannten Künstlers mit dem Caféhaus im Wiener Volksgarten, um 1825.

## KARL FRIEDRICH SCHINKEL

Außerhalb der von Metternich streng reglementierten Architektur in Wien und der Donaumonarchie hat zweifellos der preußische Architekt Karl Friedrich Schinkel (1781–1841) am meisten zur Schaffung eines typischen Biedermeierstils beigetragen. Schinkel besuchte von 1798 die Schule für Architektur in Berlin, wo er den jungen Architekten Friedrich Gilly kennenlernte. Trotz seiner Ausbildung zum Architekten arbeitete er zuerst als Maler, und sein Werk auf diesem Gebiet wird höchsten Ansprüchen gerecht. 1803 bereiste der junge Schinkel Italien, besuchte Sizilien und Rom, bevor er über Paris 1805 nach Berlin zurückkehrte.
Eine solche drei Jahre oder länger dauernde Bildungsreise nach Abschluß des Universitätsstudiums war nicht ungewöhnlich für einen jungen Mann aus Schinkels Gesellschaftsschicht. Schinkels erste Entwürfe beschränkten sich im wesentlichen auf Bühnenbilder oder Dioramen, kleine dreidimensionale Modelle. Dies ergab sich aus der angespannten Wirtschaftslage während der Napoleonischen Kriege: Für Neubauten stand kaum Geld zur Verfügung. 1810 wurde er zum künstlerischen Berater der *Oberbaudeputation* ernannt, die eine ähnliche Funktion hatte wie der Wiener *Hofbaurat,* d. h. sie war zuständig für

die Erlaubnis und Überwachung bei der Errichtung nahezu aller größeren Gebäude der Region. Ihre Macht war wie die ihres österreichischen Gegenstücks sehr weitreichend, Baupläne mußten von ihr genehmigt werden, und auch bei Umbauten und Restaurierungen von historischen Gebäuden mußte sie konsultiert werden. 1839 wurde Schinkel schließlich zum leitenden Direktor der Institution ernannt und hatte damit erheblichen persönlichen Einfluß auf die Architektur im preußischen Staat. Anders als sein Wiener Amtskollege, Peter von Nobile, war Schinkel jedoch ein hochtalentierter, innovativer Architekt.

**Oben:** Johann Erdmann Hummel (1769–1852): *Die Granitschale im Lustgarten in Berlin.* Ölfarbe auf Leinwand, 1831. Der Berliner Lustgarten war ein öffentlicher Vergnügungspark, der die nostalgische Sehnsucht des Biedermeier nach dem ländlichem Leben und natürlichen Dingen widerspiegelt.

Schinkels Werk reicht von der Malerei über das Möbeldesign bis hin zur Architektur für die preußische Monarchie und Regierung. Seine Arbeit als Architekt und als Direktor der Oberbaudeputation hat dazu beigetragen, das Stadtbild Berlins entscheidend zu prägen. Seine produktivste Schaffensperiode lag in den Jahren 1815 bis 1835.

Während dieser Zeit führte er zahlreiche Aufträge für die preußische Königsfamilie aus, dazu gehörten der Pavillon auf dem Gelände von Schloß Charlottenburg für Friedrich Wilhelm III. (1824–1826), Prinz Karls Palast (1827) und Prinz Albrechts Palast (1830–1832). Schinkel wirkte auch an den Maßnahmen

der Oberbaudeputation mit, Qualität und Design in der preußischen Industrie zu verbessern. Eine Bemühung, die der gleichzeitig in Wien unternommenen sehr ähnlich war.

Schinkels Geschäftsbeziehungen zum preußischen Königshaus waren jedoch nicht immer erfreulich und erfolgreich. So mußte er z. B. vier Jahre warten, bis er 1839 vom König die endgültige Erlaubnis zum Bau einer Bibliothek erhielt, noch im selben Jahr wurde die Entscheidung wieder rückgängig gemacht. Schinkels Arbeit war ständig den Unwägbarkeiten der Politik bei Hofe unterworfen.

Die Zeichnungen zu vielen anderen Bauten, von denen manche erhalten sind, einige abgerissen und andere nie gebaut wurden, wurden in den Jahren von 1820 bis 1840 von Schinkel mit einem erklärenden Begleittext veröffentlicht. Es handelte sich dabei um so bedeutende Stiche und Lithographien, daß sie 1858, 17 Jahre nach Schinkels Tod, noch einmal als Gesamtausgabe herausgebracht wurden.

Karl Friedrich Schinkel nutzte seinen erheblichen Einfluß zum besten. Er war ein vielseitiger, ehrgeiziger und innovativer Architekt, der die Fähigkeit besaß, mit den besten Elementen der klassizistischen Tradition, in der er groß geworden war, eine mutige Synthese mit neuen ästhetischen Ideen wie der Neugotik zu schaffen. Die Verschmelzung von neu und alt, die er vor- und vorausnahm, war bedeutender als der Historismus, der später in der europäischen Architektur und Inneneinrichtung Einfluß gewann. Aufgrund dieser Fähigkeit ist es ausgesprochen schwierig, Schinkel historisch oder stilistisch eindeutig zuzuordnen; er schuf seinen eigenen Stil und entwickelte sich selbst darüber hinaus. Sein sicheres Gefühl für die Verknüpfung von Struktur und Dekoration und seine Erkenntnis der Bedeutung beider Elemente stellt ihn jedoch auf eine Ebene mit den besten österreichischen Handwerkern und Künstlern, die eine ähnliche Sichtweise bezüglich angewandter Kunst und Design vertraten. Aus diesen Gründen kann sein Werk dem Biedermeier zugeordnet werden.

# DEKORATIVE UND ANGEWANDTE KUNST IN DER BIEDERMEIERZEIT

Die bedeutendsten kunsthandwerklichen Erzeugnisse der Biedermeierzeit sind mit Sicherheit Glas und Keramik und natürlich Möbel. Neben diesen bereits behandelten gibt es jedoch noch andere Bereiche der angewandten und dekorativen Künste, die durchaus beachtenswert sind. Viele der hervorstechenden Merkmale und der Strömungen, die begannen, sowohl die Industrie als auch ihre Produkte zu beeinflussen, sind allen diesen kreativen Ausdrucksformen gemeinsam. Textilien und Mode, Metallarbeiten und gedruckte Illustrationen änderten sich während dieser Zeit aufgrund der zunehmenden Industrialisierung und der Expansion der Binnen- und Exportmärkte.

## DIE TEXTILINDUSTRIE

In der ersten Hälfte des 18. Jahrhunderts war Schottenfeld, ein Gebiet vor den Toren Wiens, zweifellos das Zentrum der Textilindustrie. Wegen des äußerst erfolgreichen Geschäfts mit Seide wurde es von den Wienern *Brillantengrund* genannt. Um die Jahrhundertwende waren mehr als 30 000 Menschen in der Textilindustrie, vorwiegend in der Seidenweberei, angestellt, und 1822 gab es dort rund 600 Textilbetriebe. In den letzten beiden Jahrzehnten des 18. Jahrhunderts ermutigte die Regierung einzelne Weber, sich in diesem Gebiet niederzulassen. In den darauffolgenden 70 Jahren veränderte sich die Textilherstellung von Grund auf. Aus kleinen, arbeitsintensiven Handwerksbetrieben mit

**Links:** Eine Auswahl emaillierter Golddöschen.

hochqualifizierten Arbeitskräften entwickelte sich eine hochmechanisierte, kapitalintensive Industrie, die mit weniger qualifizierten Arbeitskräften produzieren konnte und sich geographisch weitgehend auf ein Gebiet konzentrierte. Diese Entwicklung wiederholte sich im Möbelbau und in geringerem Ausmaß auch in der Glasherstellung. Der hohe Prozentsatz der Heimarbeiter, die zu Hause und für einen Stücklohn arbeiteten, war in ganz Europa Ende des 18. Jahrhunderts charakteristisch und hatte einen sehr wettbewerbsfähigen Markt geschaffen, wobei sich eine größere Preissenkung jedoch nicht ohne einen echten Einkommensverlust für den einzelnen Weber bewerkstelligen ließ. Der Einsatz von Maschinen ließ einen völlig neuen Typ von Unternehmer entstehen, der ganz andere Arbeitskräfte zur Bedienung der maschinell betriebenen Webstühle einstellte, die höhere Produktivität gewährleisteten.

Die Erfindung des Jacquardwebstuhles, der 1805 in Lyon entwickelt wurde, war eine der wichtigsten Neuerungen für die Textilherstellung und bedeutete eine Revolution für das Gewerbe in ganz Europa. Er wurde zuerst 1816 in Wien eingesetzt. Es war ein weiterer großer Fortschritt, als es dem Geschäftsmann Christian Georg Hornbostel gelang, die technisch hochentwickelten Webstühle, die in England in der Baumwollweberei verwendet wurden, so umzustellen, daß man auch Seide (die Spezialität Wiens) damit verarbeiten konnte. Beim Einsatz von mechanischen Webstühlen brauchte man nur ein Sechstel der Arbeitskräfte, die in der traditionellen Textilherstellung benötigt wurden. Dies bedeutete natürlich eine enorme Benachteiligung für die traditionellen Betriebe, hatte jedoch nicht unmittelbar die Schließung der kleineren Webereien, sondern eine Expansion des Marktes zur Folge. Seide wurde erheblich billiger, so daß sich nun auch die unteren Bevölkerungsschichten diese hochwertigen Erzeugnisse leisten konnten, eine Entwicklung, wie sie auch in anderen Bereichen des Handwerks, wie z. B. dem Möbelbau, zu beobachten war. Durch den Einsatz der Jacquardmaschine erhielt die Mittelschicht zum ersten Mal Zugang zu feinen gemusterten Seidenstoffen. Mitte der zwanziger Jahre des 19. Jahrhunderts wurden in Österreich zum ersten Mal dampfbetriebene Webstühle eingesetzt.

Hornborstels Unternehmen blühte bis 1890 und beteiligte sich an den *Allgemeinen Österreichischen Gewerbs-Produkten-Ausstellungen* der Jahre 1835, 1839 und 1845, die die Einführung neuer Technologien in der österreichischen Industrie fördern sollten, damit das Land international wettbewerbsfähig bliebe. Neben dieser offiziellen, von der Regierung unterstützten Werbung für die Verbesserung von Qualität und Herstellungsmethoden in allen Bereichen des Handwerks gab es auch noch die Kaiserlich-Königliche Wollstoff- und

Teppichfabrik, die in Linz seit 1672 in Betrieb war. 1754 wurde sie von der Regierung übernommen und schließlich 1850 geschlossen.

## MODE IM ÖSTERREICH DER BIEDERMEIERZEIT

Das Zentrum der Entstehung und Verbreitung der neuesten Moderichtungen in der Donaumonarchie war natürlich Wien. Die raschen Änderungen des Geschmacks und die Impulsivität und Unbeständigkeit, die schon immer charakteristisch für das Modegeschäft gewesen sind, waren Merkmale, die auch für die Biedermeiermode galten, begünstigt durch den neuen Wohlstand und das neugewonnene Selbstbewußtsein des Bürgertums. Bei der Mode lassen sich daher die Entwicklungen viel leichter präzise zeitlich eingrenzen als bei den Möbeln, da jede neue Saison fast unweigerlich eine Änderung der Kleidermode mit sich brachte. Das trifft natürlich vor allem für die Damenmode zu; die Herrenkleidung veränderte sich langsamer und gleichzeitig unsystematischer. Ab Mitte der zwanziger Jahre des 19. Jahrhunderts entwickelte sich Wien zum selbständigen Modezentrum; bis zu diesem Zeitpunkt hatten auch die anerkanntesten Modeschöpfer eine jährliche Reise nach Paris unternommen, um sich von den neuesten französischen Kreationen inspirieren zu lassen.

Das Entstehen eines Wiener Stils wurde von der *Wiener Modezeitung* gefördert, die 1816 von Johann Schickh, dem Besitzer eines Modegeschäfts der Wiener Innenstadt, gegründet worden war. Ein Jahr später wurde sie in *Wiener Zeitschrift für Kunst, Literatur, Theater und Mode* umbenannt und informierte die modebewußten Wiener drei Jahrzehnte lang über den neuesten Stil, wobei sie sich im wesentlichen auf die Arbeit der Modeschöpfer und Schneider Wiens konzentrierte.

Die Illustrationen bestanden aus hervorragenden handkolorierten Stichen der neuesten Trends, die nach Zeichnungen des hochangesehenen Porträtisten Johann Nepomuk Ender (1793–1854) und des berühmten Kostümbildners Philipp von Stubenrauch (1784–1848) angefertigt und von dem Graveur und Kupferstecher Franz Stöber (1795–1858) ausgeführt wurden. Das Journal hatte zweifellos großen Einfluß auf das zeitgenössische Modegeschäft und dokumentierte gleichzeitig bis ins kleinste Detail auch die geringsten Veränderungen der Kleidermode der damaligen Zeit. Die Zeitschrift erschien praktisch während des ganzen Biedermeier und stellte ihr Erscheinen erst nach der Revolution ein.

**Oben:** Musterkarte einer Textilfabrik in der Nähe von Wien, datiert 1824. In solchen Musterbüchern, mit denen Weber und Textildrucker für ihre Produkte warben, haben sich die lebhaften bunten Farben aus der Biedermeierzeit, vor Licht und Staub geschützt, in ihrer ursprünglichen Intensität erhalten.

FANTASIA
MOZART
LI.
Wiener Moden.
Wien. Zeitschr: No 204.
23. December 1841.

**Links:** Illustration aus der *Wiener Moden Zeitung* vom 23. Dezember 1841, die ein von J. G. Beer entworfenes Kleid zeigt.

Den Engländer mag es vielleicht erstaunen, daß die Damenmode in Österreich in einer Zeit, die an die Epoche heranreicht, die er mit dem Begriff Viktorianische Zeit (1837–1901) bezeichnen würde, sehr viel weniger prüde und konservativ war als in Großbritannien im selben Zeitraum. Die übertriebenen Moralvorstellungen, die dazu führten, daß Männerhosen nur als die »Unaussprechlichen« bezeichnet werden konnten und klassische Literatur so gekürzt und überarbeitet wurde, daß sie auch ja nichts vermeintlich Anstößiges mehr enthielt, hatten sich damals im deutschsprachigen Raum nicht durchgesetzt.

Daher waren tiefdekolletierte Kleider, die über dem Knöchel endeten, die Regel, und Strumpfbänder, bestickt mit so vielsagenden Sprüchen wie *Mein Wunsch – Ihr Glück* durchaus keine Seltenheit. Typisch für die Damenmode des Biedermeier war der Schal. Statt eines Mantels trug man dem indischen Kaschmirschal nachempfundene Tücher und Schals aus weicher Wolle in kontrastierenden Farbtönen, die zuerst importiert wurden und dementsprechend teuer waren und später in einer Mischung aus Wolle und Seide imitiert wurden. Beliebt waren orientalische Motive ebenso wie von englischen und französischen Stoffen kopierte Muster. Mit Einführung des Jacquardwebstuhls

**Unten:** Detail der Stickerei an einem Schal. Wien, um 1830.

konnten die Textilhersteller auch kompliziertere Muster zu einem vertretbaren Preis anbieten, eine Entwicklung, die an der Mode der aufwendig gemusterten Schals abzulesen ist, die lebhaft mit den blasseren Farben und dem Weiß kontrastierten, die Mitte bis Ende der zwanziger Jahre bei den Kleiderstoffen vorherrschten. Auf ausgefallene Muster bei den Schals wurde so großer Wert gelegt, daß einer der größten Textilhersteller einen Preis für das beste von den Studenten des Wiener Polytechnischen Instituts entworfene Muster aussetzte. Der Schal wurde in den folgenden Jahren immer beliebter und seine Herstellung ein wichtiger wirtschaftlicher Faktor für die Donaumonarchie, da die Waren auch ins benachbarte Ausland exportiert wurden.

In den zwanziger Jahren des 19. Jahrhunderts wurden die Farbtöne in der Damenbekleidung kräftiger und kontrastreicher. Auch hier spielten die neuen technischen Möglichkeiten der Industrie eine große Rolle, die nun kräftigere Farben und kompliziertere Muster herstellen konnte. Das breite Streifenmuster, das häufig auf hellem Grund ein kontrastierendes Blatt- oder Blütenmotiv aufwies und typisch für die Möbelstoffe des Biedermeier ist, wurde nun auch für Kleiderstoffe verwandt. Mit Beginn der dreißiger Jahre setzten sich auch große Karomuster, manchmal mit einem Blumenmotiv in der Mitte, durch, Blümchenmuster und stilisierte orientalische Motive waren ebenfalls sehr beliebt. Die Begeisterung für alles Natürliche machte auch vor der Mode nicht halt, und so erfreuten sich neben den bereits erwähnten Blüten- und Blattmu-

**Unten** und **rechts:** Zwei Damenhüte. Wien, um 1830.
**Unten:** Dieser Hut war wahrscheinlich für kühlere Witterung gedacht, die Bänder sind eher dekorativ als praktisch.
Der Hut **rechts** war wohl eine Kopfbedeckung für den Sommer, er ist leichter und dekorativer.

stern auch Stickereien und Accessoires in Blatt- und Blütenform ab Ende der zwanziger Jahre zunehmender Beliebtheit.

Für die Tageskleidung wurden meist feine Baumwollstoffe wie Perkal und Popeline verarbeitet, für Abendkleider verwendete man Organdy und kostspieligere Materialien wie Seide und Seidentüll. Spitzen, Bänder, Borten und Stickereien wurden in den zwanziger Jahren immer beliebter, kamen jedoch im darauffolgenden Jahrzehnt wieder aus der Mode.

Auch der Schnitt der Damenkleidung war den wechselnden Modetrends unterworfen. Die Taille, die zuerst sehr hoch angesetzt war, rutschte nach unten und wurde im zweiten Jahrzehnt des Jahrhunderts immer stärker betont. Man trug wieder Korsett, häufig kombiniert mit einem breiten Gürtel, der die Silhouette betonte. Die Röcke wurden weiter, und 1838 führte der führende Modeschöpfer Josef Georg Beer in Wien die Krinoline ein. Die zu Beginn des Biedermeier schmalen Ärmel waren Mitte der dreißiger Jahre stark wattiert und wurden dann allmählich durch gemäßigtere geschlitzte Puffärmel oder volantbesetzte Ärmel ersetzt.

Im Vergleich zur Damenkleidung blieb die Männermode über längere Zeit hinweg konstant, was aber nicht heißen soll, daß ihr wenig Bedeutung beigemessen wurde, schließlich war das Biedermeier die Zeit der Dandys und des Beau Brummell (1778–1840). Allerdings war die Wiener Herrenbekleidung nicht so extravagant und narzistisch wie die Mode während des Regency

(1811–1820) in Großbritannien. Die Tageskleidung bestand aus einem langen dunklen Gehrock, helleren Pantalons (langen Hosen), einem einfachen weißen Hemd und einer kontrastierenden Weste. Lange Hosen waren zum ersten Mal, zumindest tagsüber, gesellschaftsfähig, während bei der Abendkleidung bis Mitte des 19. Jahrhunderts die traditionellen Kniehosen *de rigeur* waren. Die Weste war das Kleidungsstück, das reichlich Gelegenheit zur Selbstdarstellung gab. Sie war oft kräftig in den Farben und auffällig gemustert.

**Unten** und **rechts:** Bestickte Seidenhandtasche und bestickte Börse. Wien, um 1830.

## METALLARBEITEN

Die Biedermeierzeit begann mit einem Tiefstand für das Edelmetall verarbeitende Handwerk. Durch die Napoleonischen Kriege war das Gewerbe nahezu ausgestorben, und Schmuckgegenstände aus früheren Generationen waren rar geworden. Während der Kriege mußten alle Gegenstände aus Edelmetall aufgrund eines Regierungsbeschlusses abgeliefert werden; man schmolz sie ein, um damit einen Teil der Kriegskosten bestreiten zu können.

Erstaunlicherweise scheint diese Verordnung sehr weitgehend befolgt worden zu sein, da nur ganz wenige Arbeiten aus dieser Zeit um die Jahrhundertwende und davor erhalten sind. Die Wiener Gold- und Silberschmiede hatten nach dem Wiener Kongreß einen sehr schweren Stand, denn die meisten Kunsthandwerker hatten das Gewerbe aufgegeben oder waren völlig verarmt und hatten ihr Wissen nicht an die nächste Generation weitergegeben. Die wenigen Gegenstände aus Gold und Silber, die in dieser Zeit hergestellt wurden, waren im Empire-Stil gearbeitet, mit zunehmender Belebung des Berufszweiges entstand jedoch ein sehr reiner und schlichter klassizistischer Stil mit gelungener Ausgewogenheit von Form und Proportion. Da solche Stücke sehr kostspielig waren, blieben sie weitgehend dem Adel vorbehalten und waren in den Haushalten der Bürger, die den Geschmack des Biedermeier prägten, kaum zu finden.

Der Niedergang der Gold- und Silberschmiedekunst hatte jedoch auch einen positiven Aspekt, da er andere Gewerbe aufblühen ließ, die weniger kostbare Rohmaterialien benötigten, wie z. B. die Glasindustrie. Der patriotische Brauch, Gold und Silber gegen Eisen und Bronze einzutauschen, brachte eine Belebung der Bearbeitung dieser Materialien mit sich.

Gußeisen und gegossene Bronze waren während der zwanziger Jahre des 19. Jahrhunderts außerordentlich beliebt und dienten zur Herstellung von Schmuck wie Ohrringen, Armbändern und Halsketten. Bronze diente als Ersatz für Gold, kostbarere Schmuckstücke wurden vergoldet und mit Halbedelsteinen besetzt. Schwarzlackierter Schmuck aus Eisen oder Stahl war lange eine Spezialität Preußens gewesen und erreichte eine solche Vollkommenheit, daß er das Vorurteil zunichte machte, Gegenstände aus diesen Materialien müßten zwangsläufig plump und klotzig sein.

Eisen und Bronze dienten auch zur Herstellung von Kerzenhaltern, Kruzifixen, kleinen Bilderrahmen, Tintenfässern und anderen Gegenständen des täglichen Gebrauchs.

**Rechts:** Wiener Silberurne. Das Edelmetallgewerbe wurde durch ein Gesetz, das während der Napoleonischen Kriege verabschiedet worden war, fast vollkommen ruiniert. Gegenstände aus Silber oder Gold mußten abgeliefert werden und wurden zur Deckung der Kriegskosten eingeschmolzen.

## ILLUSTRATIONEN UND DRUCKERZEUGNISSE

Bei den Illustrationen von Zeitschriften und Büchern zeigt sich die Mentalität des Biedermeier besonders deutlich. Das Interesse an Heim und Familienleben, Bequemlichkeit und der Natur war ein immer wiederkehrendes Thema in allen Publikationen. Stiche, die manchmal handkoloriert waren (wie in der Wiener Modezeitung), und Lithographien waren außerordentlich beliebt.

Die Photographie steckte zwar noch in den Kinderschuhen, gewann aber zunehmend an Bedeutung. 1727 hatte der bayerische Wissenschaftler Heinrich

Schulze (1687–1744) entdeckt, welche Wirkung die Lichteinwirkung auf Silbersalze hat, und damit den Stein ins Rollen gebracht. Gegen Ende der Biedermeierzeit experimentierte man in den deutschsprachigen Gebieten bereits mit einfachen fotographischen Techniken wie der Daguerreotypie und der Kalotypie. Carl-August von Steinheil (1801–1877) gehörte zu diesen frühen Photographen.

Seine Stadtansichten und vereinzelten Porträts aus dieser Zeit um 1840 und danach geben einen faszinierenden, wenn auch etwas düsteren Eindruck vom Leben in Bayern vor 150 Jahren.

Da sich die Photographie vorläufig noch nicht in der Massenkommunikation einsetzen ließ, spielten Illustrationen auch weiterhin eine entscheidende Rolle bei der Verbreitung visueller Information jeglicher Art. Modeillustrationen, die bildliche Darstellung gesellschaftlicher Ereignisse, Bilder von Sehenswürdigkeiten, Musterbücher und Kataloge sowie Abbildungen von Interieurs und Bilder der Wiener Bürger, die sich im Prater oder im Augarten verlustierten, gehörten dazu. Illustrationen hatten eine ähnliche Funktion wie die Literatur, da auch sie die zeitgenössischen Sitten und Moderichtungen – oft humoristisch oder satirisch – kommentierten. Es erübrigt sich, darauf hinzuweisen, daß auch diese Druckerzeugnisse der strengen staatlichen Zensur unterlagen. Die Grenzen zwischen den Schönen Künsten – in Form von Ölgemälden – und den weitverbreiteten Illustrationen verwischten sich mit der wachsenden Beliebtheit von Aquarell- und Gouachebildern und handkolorierten Kupferstichen. Zudem wählten die Kupferstecher häufig Gemälde berühmter Künstler als Vorlage und brachten sie so einem immer größeren Teil der Bevölkerung nahe.

Die Stiche wurden in Folioausgaben auf großen Einzelblättern herausgegeben und waren meist mit einem schlichten Schmuckrand und einem Titel oder einer Bildunterschrift am unteren Rand versehen. Dies galt vor allem für Stadtansichten und Erinnerungsblätter. Die Abbildungen von Sehenswürdigkeiten waren wohl wie die bemalten Schmuckgläser sowohl für Touristen als auch für Ortsansässige gedacht.

Idealisierte Porträts anonymer Bürger mit Titeln wie »Die Wäscherin« oder »Ein Wiener Kellner« waren ebenfalls beliebte Themen. Karikaturisten wie Johann Christian Schöller (1782–1851) machten die zeitgenössischen Modetorheiten zur Zielscheibe ihres Spotts. Da der Zensor überall ein Wörtchen mitzureden hatte, konzentrierten sich Satiriker wie Schöller meist auf unpolitische Themen oder wagten höchstens indirekte und allgemeine Hinweise auf die Armut und Verarmung bestimmter Gesellschaftsschichten. Man kann diese

Kommentare durchaus als sarkastisch bezeichnen, denn es handelte sich kaum um witzige Anspielungen.

In der Biedermeierzeit war es üblich, zu Neujahr oder anderen Gelegenheiten Grußkarten zu versenden, ein Brauch, der ganz wesentlich zur Verbreitung von Bildmaterial beigetragen hat. (Weihnachtskarten gab es damals übrigens noch nicht, sie waren eine »Erfindung« der Engländer im Jahre 1843.) An den Karten aus dieser Zeit fällt ihre Vielfältigkeit auf, der Einfallsreichtum, mit dem sie gestaltet waren. Einfache Exemplare enthielten kurze Mitteilungen in schwarzweiß, jedoch in kunstvoller und verschnörkelter Schrift. Die Nachrichten bestanden entweder aus patriotischen Wahlsprüchen (bis zum Wiener Kongreß) oder gefühlvollen Bezeugungen von Freundschaft, Liebe und Treue. *Altar der Freundschaft* und *Fest wie ein Fels ist meine Treue* können als typische Textbeispiele angesehen werden.

Weitaus häufiger als diese schlichten Karten waren jedoch handkolorierte Drucke. Geprägte Motive waren typisch für den Anfang des Jahrhunderts, sie wiesen oft keinerlei Druck auf. Die Abbildungen verrieten meist den Einfluß des Empire und zeigten Urnen, Girlanden, Cupidos und andere klassizistische Motive und erinnerten an Marmorreliefs. Häufig wurde die Prägung mit Farbe kombiniert, und man versuchte, einen plastischen Eindruck hervorzurufen, bestickte Borten zierten die kostbareren Stücke.

Optisch dargestellte Wortspiele und aus kleineren Bildern zusammengesetzte Bilder – Napoleon im Profil mit dem preußischen Adler als Hut – existieren in unendlich vielen Variationen. Besonders wertvolle Karten enthalten bewegliche Teile, die die Abbildung verändern oder verborgene Details sichtbar machen konnten.

# DIE KUNST IN DER BIEDERMEIERZEIT: ÖLGEMÄLDE UND AQUARELLE

Es ist bezeichnend, daß der Begriff Biedermeier, der als Bezeichnung für Konservatismus und Engstirnigkeit des Bürgertums in sozialer und politischer Hinsicht gegen Ende des 19. Jahrhunderts geprägt worden war, schon kurz danach auch auf die Malerei dieser Zeit angewendet wurde. In der Zwischenzeit wurde das Gesamtkonzept jedoch noch einmal einer eingehenden Prüfung unterzogen und erhielt seine frühere akademische und kulturelle Glaubwürdigkeit zurück. In den ersten beiden Jahrzehnten des 20. Jahrhunderts erschienen verschiedene Monographien über die Kunst des Biedermeier in deutscher Sprache. Paradoxerweise läßt sich gerade auf dem Gebiet der Malerei eine klar erkennbare Phase unverwechselbarer Biedermeier-kreativität trotz der Fülle der Literatur kaum nachweisen. Die Künstler des Biedermeier arbeiteten unter Bedingungen, die zwar deutlich von den allgemeinen gesellschaftlichen und politischen Strömungen beeinflußt waren, jedoch ganz andere Anforderungen stellten und eine andere Tradition hatten als die, unter denen die Möbelbauer oder andere Kunsthandwerker jener Zeit arbeiteten. Es gab aber auch bestimmte Künstler und bestimmte Entwicklungen, die als charakteristisch für das Biedermeier angesehen werden können.

Die Schönen Künste erlebten einen Prozeß der Veränderung, der von den Änderungen der Gesellschaftsstruktur der Donaumonarchie ausgelöst worden war und parallel zu der Entwicklung in den anderen Handwerken verlief. Die traditionellen Auftraggeber der Künstler, Adel und Königshaus, verloren an Bedeutung, und ein größerer Markt mit vielfältigen Möglichkeiten eröffnete sich den Künstlern. Die neuen Auftraggeber waren meist erfolgreiche Kauf-

**Links:** Johann Kohlberger: Rosen und andere Blumen in einer Glasvase auf einem Marmorsims. Ölfarbe auf Leinwand, signiert und datiert 1836.

leute und Bürokraten: das wohlhabendere Bürgertum. Natürlich orientierten sich Themenwahl, Stil und Sujets bald an ihren Sehnsüchten und Lebensumständen. Zum ersten Mal in der Geschichte war die Mittelschicht imstande, Kunstgegenstände zu sammeln, wenn auch nur in bescheidenem Maße. Dies hatte sogar Einfluß auf die von den Künstlern benutzten Materialien; Aquarelle und Gouachen erfreuten sich großer Beliebtheit, was zumindest zum Teil darauf zurückzuführen war, daß sie mit wesentlich geringerem Zeit- und Materialaufwand geschaffen werden konnten als Ölgemälde.

So erstaunlich es uns heute auch erscheinen mag: Die technischen Neuerungen

machten sich auch in der Malerei deutlich bemerkbar. Die Camera obscura – ein Gerät, mit dem man ein Bild auf eine Leinwand projizieren konnte – war den Künstlern der Region bereits seit längerem bekannt. Als in den dreißiger Jahren die Funktionen dieses Geräts mit lichtempfindlichen Silbersalzen kombiniert wurden, war dies die Geburtsstunde der modernen Kamera. Vom 17. Jahrhundert an hatte sich die Malerei immer mehr zu einer realistischen und figurativen Kunst hin entwickelt; mit der Erfindung der Photographie verlor die getreue Wiedergabe des Gesehenen an Bedeutung. Ziel der Malerei wurde es nun, Atmosphäre und Eindrücke zu vermitteln, eine Entwicklung, die ihren Höhepunkt im französischen Impressionismus in den siebziger Jahren des 19. Jahrhunderts erlebte. (Der Begriff »impressionistisch« wurde zum ersten Mal 1874 von einem Kritiker abschätzig für ein Gemälde von Claude Monet verwandt: eine Parallele zur Entstehungsgeschichte des Begriffs »Biedermeier«.)

**Links:** Johann Wilhelm Preyer (1803–1889): Stilleben. Ölfarbe auf Leinwand, signiert und datiert 1834. Der Einfluß der alten holländischen Meister des 17. Jahrhunderts ist bei diesem Gemälde unverkennbar in Themenwahl und Malweise. Beachten Sie die Lichtverhältnisse und die naturalistische Darstellung der Pflaume im Vordergrund.

Die wichtigste Inspirationsquelle für die Künstler der Biedermeierzeit war mit Sicherheit das Werk der Alten Meister der Niederlande aus dem 17. Jahrhundert. Hier fanden sie Beispiele für gelungene Konzeption und den meisterhaften Einsatz von Licht und Schatten zur Verbindung der einzelnen Bildelemente. So verdienten auch sehr angesehene Künstler einen erheblichen Teil ihres Lebensunterhaltes mit dem Kopieren oder Nachempfinden der Bilder holländischer Meister.

Künstlerische Neigungen wurden in Wien durch die kosmopolitische Atmosphäre der Stadt und vor allem durch die Akademie der Schönen Künste gefördert, aus der viele der größten Talente der Biedermeierzeit hervorgingen. Aber auch in der Hauptstadt der Donaumonarchie mußten die Künstler sehr vielseitig sein, um ihren Lebensunterhalt bestreiten zu können, von Aufträgen oder Atelierarbeiten allein ließ es sich nicht leben. Viele hochangesehene Künstler arbeiteten für die Kaiserlich-Königliche Porzellanmanufaktur und bemalten Keramikteller und Eßservices. Andere übernahmen Aufträge von Mode- oder Gesellschaftsjournalen und fertigten die Vorlagen, nach denen dann die Stiche gearbeitet wurden. Viele der bedeutendsten Aquarellmaler begannen ihre Karriere sehr bescheiden mit dem Kolorieren von Stichen und Lithographien. Daneben gab es Künstler wie Balthasar Wigand (1770–1846), die so detaillierte Gouachen anfertigten, daß man sie fast schon als größere Miniaturen bezeichnen könnte. Sie zeigten Stadtansichten von Wien und hielten wichtige Ereignisse im Bild fest, wie z. B. den Besuch von Kaiserin Caroline Augusta im Jahre 1816. Meist dienten sie zur Verschönerung von Toilettenspiegeln oder Schreibmappen. All diese Beispiele weisen auf die umfassenden Veränderungen hin,

**Rechts:** Casper Johann Nepomuk Scheuren: *Der Künstler mit seinen Schülern auf dem Rhein.* Ölfarbe auf Leinwand.

die in Kultur und Industrie im Gange waren. Die Künstler der Donaumonarchie befanden sich oft in einer sehr unglücklichen Situation zwischen der Suche nach einer individuellen Ausdrucksform als Künstler und der Notwendigkeit, im Bereich des Handwerks zu arbeiten, um den Lebensunterhalt bestreiten zu können.

## THEMEN IN DER MALEREI DES BIEDERMEIER

Die Themen und Sujets in der Malerei spiegelten das wider, womit sich auch Literatur und angewandte Kunst befaßten. Daher sind Interieurs mit und ohne Figuren sehr häufig, die die Bedeutung unterstreichen, die dem häuslichen Leben beigemessen wurde. Auch gefühlvolle Szenen aus dem Familienleben, spielende Kinder oder das Morgengebet, waren sehr beliebt. Aus diesen detaillierten Bildern, die vorwiegend Szenen im typischen Biedermeierhaushalt der Mittelschicht zeigen, erfahren wir sehr viel über den Zeitgeschmack bezüglich Kleidermode und Inneneinrichtung.
Andere Genrebilder erzählen Geschichten, die meist durch den Titel erklärt werden; es handelt sich fast immer um Aspekte des täglichen Lebens, die eine Moral oder eine Kritik an den zeitgenössischen Sitten enthalten. Soldaten, die in den Krieg ziehen oder aus der Schlacht heimkehren, waren in der frühen Biedermeierzeit ein beliebtes Thema, was kaum verwunderlich ist, denn durch die Napoleonischen Kriege war diese Situation den meisten Familien bestens vertraut. Motive aus dem militärischen Bereich, darunter sowohl einzelne Soldaten als auch Schlachtszenen, sind in dieser frühen Zeit häufig vertreten. Im krassen Gegensatz dazu standen die lebhaften Blumenbilder, auf die sich eine Reihe von Wiener Künstlern spezialisiert hatte, darunter Josef Nigg (1782–1863), der seine Einkünfte aus der Öl- und Aquarellmalerei durch Arbeiten für die Kaiserlich-Königliche Porzellanmanufaktur in Wien aufbesserte. Seine Porzellanmalerei auf Schmuckvasen und Ziertellern ist das Spiegelbild seiner Arbeit auf Leinwand und Karton und zeigt ebenfalls eindrucksvolle und künstlerisch perfekte Bilder von Blumen, oft ohne jeglichen Hintergrund oder vor einer sehr zurückhaltenden Stillebenkomposition.
Ein weiteres sehr häufiges Sujet in der Malerei jener Zeit sind die Porträts unbekannter Handwerker und Arbeiter vor recht realistischem Hintergrund. Sie weisen auf die nostalgische und idealisierte Vorstellung des wohlhabenden Stadtmenschen vom Leben auf dem Lande hin.

Auch Landschaftsbilder, die die schöne Umgebung Wiens und imposante Landschaft Österreichs zeigen, waren ebenfalls lange Zeit sehr beliebt. In diesem Bereich ist das Werk von Rudolf Alt (1812–1905), bekannt als Rudolf von Alt, und Ferdinand Waldmüller erwähnenswert. Von Alt, Sohn des Malers Jakob Alt und Bruder des Malers Franz Alt, war ein vielseitiger und talentierter Künstler. Zu seinem Werk gehören Blumenstücke und Stilleben ebenso wie Porträts, einige Arbeiten davon in Öl, bekannt geworden ist er jedoch vor allem durch seine herrlichen Landschaftsbilder. Seine künstlerische Laufbahn

**Oben:** Friedrich Wilhelm Moritz (1783–1855): Genfer See. Bleistift und Aquarell.

**Links:** Johann Laurents Jensen: Rosen in einem Korb auf einem Sims. Ölfarbe auf Paneel, signiert und datiert 1838.

umfaßt einen beachtlichen Zeitraum der europäischen Kunstgeschichte. Schon in jungen Jahren entwickelte er seinen eigenen Stil und wurde innerhalb eines Jahrzehnts zu einem der angesehensten Maler seiner Zeit. Er erneuerte und vervollkommnete seinen Stil während der Unruhen der Revolution von 1848, während der Krimkriege und während der völlig anders gearteten »Revolution« durch den aufkommenden Impressionismus in den siebziger Jahren. Er erlebte die Entstehung der Wiener Sezession und den Eintritt Österreichs in das neue Zeitalter des Designs.

Wie von Alt hatte sich auch Ferdinand Georg Waldmüller (1793–1865) auf Bilder der beeindruckenden österreichischen Landschaft spezialisiert; er arbeitete jedoch lieber in Öl als in Aquarell. Typisch für sein Werk sind scharfe Ton- und Farbkontraste vor einem Hintergrund in gedeckten Tönen, die seinen Bildern eine immense Tiefenwirkung verleihen. Auch allegorische Genreszenen waren ein Lieblingsthema von Waldmüller.

Es gelang ihm, diese Gemälde sehr melodramatisch erscheinen zu lassen, indem er Ausdruck oder Haltung der Figuren bewußt übertrieben darstellte. Wie viele seiner Zeitgenossen arbeitete Waldmüller auch als Porträtmaler.

Ein Zeitgenosse Waldmüllers, an dessen Werk sich die Lebensumstände des Bürgertums während des Biedermeier besonders gut ablesen lassen, war Josef Franz Danhauser (1805–1845). Der Sohn des erfolgreichen Möbelfabrikanten

Josef Danhauser studierte an der Akademie (an der er später auch lehrte) von 1820 bis 1826. Er befaßte sich sowohl mit Malerei als auch mit Möbeldesign und führte einige Zeit den Betrieb seines Vaters. Unter seinen Genrebildern befinden sich sehr gefühlsbetonte Gemälde von Kindern und Tieren, Szenen aus dem Bürgerleben, zu denen diese Gesellschaftsschicht sicher mehr Bezug hatte als zu den großartigen Landschaftsbildern Waldmüllers. Auch die Figuren in seinen Gemälden sind naturalistischer, und ihre Pose entspricht viel eher der Realität.

Peter Fendi (1796–1842) stand im Mittelpunkt eines erlesenen Zirkels von Aquarellmalern. Sein Werk implizierte häufig eine moralische Botschaft, und er konzentrierte sich auf Menschen in Armut und Not oder in schwierigen Situationen. Seine Fähigkeit, allgemeine Befürchtungen anzusprechen – die Angst vor finanziellem Ruin oder dem Verlust eines Familienangehörigen im Krieg –, machte ihn so beliebt. In seiner Darstellung vermeidet er die Wertung oder Sentimentalität, die viele seiner Zeitgenossen mit ihren Bildern vermittelt haben, und er benutzt Symbole aus dem täglichen Leben, die von dem Betrachter auch wirklich verstanden werden. Einer von Fendis Freunden und Protegés, Carl Schindler (1821–1842), versprach in seiner kurzen Karriere die Entstehung eines dynamischeren, weniger formalen Malstils, dessen Ziel eher darin bestand, dem Betrachter den Eindruck von Bewegung und Zeit zu vermitteln als ihm ein strenges, statisches Bild zu präsentieren. Bei seinen Aquarellen aus dem militärischen Bereich handelt es sich nicht um die üblichen großformatigen, detaillierten Gemälde von Schlachten oder militärischen Siegen, sondern vielmehr um Bilder von Soldaten in ihrem täglichen Leben.

Sein selektiver Einsatz von Farbe und Detail, mit dem das Auge des Betrachters auf den Aktionsmittelpunkt des Bildes gelenkt wird, und seine Vorliebe, den Ton des Papiers noch durchscheinen zu lassen, trugen zur Schaffung eines für die Aquarellmalerei charakteristischen Stils bei. Das Aquarell wurde nun nicht mehr als preiswerter, aber minderwertiger Ersatz für ein Ölgemälde angesehen.

## BILDHAUEREI

Für die Bildhauerei war es schwieriger als für die Malerei, sich an die neuen sozialen, politischen und wirtschaftlichen Verhältnisse der Biedermeierzeit anzupassen. Die traditionellen Auftraggeber, Königshaus, Adel und Regierung, vergaben nach dem Wiener Kongreß vor allem aus finanziellen Gründen kaum noch Aufträge. Zu dieser Sparsamkeit, die sich auch in der Architektur jener Zeit bemerkbar machte, kam nach Ausklingen des Empirestils noch eine allgemeine Abneigung gegen protzige Zurschaustellung hinzu. Von allen Kunstrichtungen ist die Bildhauerei die »öffentlichste«, und mit der neuen Ausrichtung auf den privaten, häuslichen Bereich kamen große Gesten gegenüber der Außenwelt aus der Mode. Natürlich wurde nach der Niederlage Napoleons in den Jahren unmittelbar nach dem Wiener Kongreß noch eine Reihe von Denkmälern und Monumenten geschaffen. Diese Arbeiten weisen meist einen stark klassizistischen Einfluß aus dem Empirestil auf; geflügelte Gestalten, Füllhörner, Cupidos und Anleihen an die griechische Mythologie waren sehr beliebt. Auch in der Bildhauerei wurden klassische Motive oft zu eng ausgelegt, so daß es manchmal zu seltsamen Anachronismen kam. Joseph Dialers (1797–1846) *Geist von 1809* (das Jahr der Niederlage Napoleons bei Aspern) zeigte Klio, die geflügelte Muse der Geschichte, mit Tafel und Schild, neben sich eine moderne Muskete.

Das technische Können des Bildhauers war wie im Rokoko besonders wichtig und zeigt sich an Details wie üppigem Faltenwurf. Gelegentlich gab es Auftrieb für die Bildhauerei, wenn große Aufträge erteilt wurden. So beauftragte Erzherzog Karl z. B. Joseph Klieber (1773–1850) mit Arbeiten für Schloß Weilburg und die Albertina, die wieder Tendenzen zum Rokoko aufweisen. Auch der Architekt Karl Friedrich Schinkel gab Skulpturen für Gebäude der preußischen Regierung und der königlichen Familie in Berlin in Auftrag, die nach einigen Verzögerungen und Einwänden von seiten des Königs ausgeführt wurden.

**Oben:** Thomas Ender (1793–1875): Bad Ischl. Ölfarbe auf Leinwand.

# SCHLUSSBETRACHTUNG: DAS ERBE DES BIEDERMEIER

Vor nicht allzu langer Zeit widmete eine in Großbritannien erschienene Anthologie der dekorativen Künste dem Biedermeierstil nur Einen einzigen Absatz und bezeichnete ihn als vulgär und geschmacklos, eine mitteleuropäische Modeerscheinung nach dem Geschmack der *nouveaux riches* des frühen 19. Jahrhunderts. Dieses Urteil, das hier allerdings ungewöhnlich scharf formuliert ist, war lange Zeit weit verbreitet im englischsprachigen Raum. Noch im letzten Jahrzehnt wurde er praktisch ignoriert. Es bestand die Auffassung, das Biedermeier sei gar kein eigener Stil, sondern mehr oder weniger eine optische Darstellung der politischen Situation seiner Zeit. Das Interesse galt auch weiterhin den orthodoxen Stilen: Empire, Sheraton und Barock. Das Biedermeier, das die Moderne für Möbel, Textilien und andere kunsthandwerkliche Produkte einleitete, gab nur allzuviel Anlaß zu Kritik. Es wurde mit dem Niedergang der Handwerkskunst und dem Beginn der Massenproduktion gleichgesetzt. Gerade im Bereich des Möbelbaus wird es häufig als verwässerter Empirestil betrachtet, dem die Überzeugungskraft des »echten« Klassizismus fehlt.

Der Biedermeierstil ist jedoch in seiner eigentlichen Heimat immer beliebt gewesen. Nachdem er in der Zeit nach der Revolution von 1848 in Ungnade gefallen war, erlebte er ein Comeback als Einfluß auf das Werk der Architekten und Designer der Wiener Sezession 1897. Hierbei handelte es sich um eine Gruppe von gleichgesinnten Künstlern und Handwerkern unter der Führung von Gustav Klimt (1862–1918), der auch Josef Hoffmann (1870–1956) angehörte.

**Links:** Bett im Biedermeierstil. Dänemark, um 1920. Das Kunsthandwerk der Biedermeierzeit hatte direkten und indirekten Einfluß auf die Möbeldesigner des frühen 20. Jahrhunderts.

Eine moderne Version des Biedermeierstils: Couchtisch aus Birkenholz, Entwurf Rupert Cavendish und Benedict Critchley.

Die Mitglieder der Wiener Sezession strebten eine Vereinigung von Kunst und Handwerk an, ein Ziel, das auch der Biedermeierarchitekt Karl Friedrich Schinkel vertreten und in seinem Werk verwirklicht hat. Die Arbeiten der Sezessionisten ähnelten stark dem damals beliebten Jugendstil. Die Rückkehr zu schlichten, von der Natur inspirierten Formen zeigt den Einfluß des Biedermeier auf die Möbel des Jugendstils. Auf der Suche nach einer neuen Ästhetik für das neue Jahrhundert wurden Biedermeierstücke sogar kopiert. Die auffallende Neigung, große Wirkung mit praktischen Aspekten für die Herstellung zu verbinden, die der Jugendstil vom Biedermeier übernahm, zeigt sich besonders deutlich bei den schmiedeeisernen Arbeiten, die Hector Guimard für die Pariser Metro entwarf. Die Ornamente, die wenig Symmetrie aufzuweisen scheinen, bestehen in Wirklichkeit aus identischen Gußteilen, die durch Bolzen miteinander verbunden sind.

Auf die Wiener Sezession folgte die *Wiener Werkstätte,* die 1903 als kooperatives kommerzielles Unternehmen von Josef Hoffmann und einigen anderen Sezessionisten gegründet wurde. Manche ihrer Produkte, vor allem die Metallarbeiten, tragen den deutlichen Stempel des Biedermeier.

Auch nach dem ersten Weltkrieg und bis in die zwanziger Jahre übte das Biedermeier entweder direkt oder über andere von ihm inspirierte Stilrichtungen Einfluß aus. Sowohl konventionelle als auch avantgardistische Architekten und Designer ließen sich von Vertretern des Biedermeier wie Josef Danhauser und Michael Thonet inspirieren.

Mit dem Art deco wurde das Design kräftiger und weist nun wieder mehr Biedermeierelemente auf. Im Möbeldesign herrschten schlichte Bögen und einfache, kräftige Formen vor. Die Vorliebe des Art deco für geometrische Gebilde kann als Parallele zu der Entwicklung angesehen werden, die das Biedermeier durchmachte, bevor das Rokoko wieder beliebt wurde. Diese unverkennbare Ähnlichkeit läßt manche Möbelstücke aus der Biedermeierzeit auch heute noch so modern erscheinen.

Das Biedermeier diente auch bedeutenden Avantgardedesignern in der Zeit zwischen den Weltkriegen als Anregung. Besonders Michael Thonets Bug- und Furnierholzmöbel galten als gelungenes Beispiel für schlichtes Design und effiziente Produktion, beides Ziele, die die Architekten und Designer der Moderne anstrebten. Der Schweizer Architekt Le Corbusier (1887–1965) war ganz begeistert von einem einfachen Bugholzstuhl aus der Kollektion von Thonet und verwendete ihn häufig für seine Entwürfe. Es waren die Schlichtheit und Reinheit des Designs, die Mart Stam und Marcel Breuer in den zwanziger Jahren mit zu den ersten Experimenten mit Stahlrohrstühlen inspirierten. Breuers Arbeiten im Rahmen des Bauhauses wurden übrigens von Thonets Unternehmen produziert. Sein Freischwinger wird heute noch nachgebaut.

Das Biedermeier war ein einzigartiger Zeitabschnitt in der europäischen Geschichte der dekorativen und angewandten Kunst. Es folgte auf eineinhalb Jahrzehnte Krieg und entwickelte sich vor dem Hintergrund einer politisch repressiven und anti-progressiven Regierung, die bereit war, nahezu alle verfügbaren Mittel einzusetzen, um ihre Herrschaft und den Einfluß ihres Ideengutes so lange wie möglich zu erhalten. Gleichzeitig führten die Auswirkungen der industriellen Revolution zu tiefgreifenden sozialen und kulturellen Veränderungen.

All dies klingt kaum nach den idealen Bedingungen für die Entstehung eines neuen Stils im Design und einer neuen Einstellung zum Handwerk, und doch entstand in dieser Zeit eine Vielzahl von hervorragenden Objekten. Es ist möglich, daß dieser beständige Wandel zusammen mit den besonderen Interessen der großen Masse der Bevölkerung eine Art dynamischer Instabilität schuf, die die Ausdrucksmöglichkeiten im Handwerk stärker begünstigte als in Musik, Literatur und Politik.

Der kurze Überblick über Kunst und Design der Biedermeierzeit, den dieses Buch vermitteln will, soll dazu beitragen klarzustellen, daß das Biedermeier ein selbständiger und äußerst einflußreicher Stil war und zudem noch Ausdruck der Lebenseinstellung in einer Zeit grundlegender Veränderungen. Die Klarheit und Präzision der Architektur Karl Friedrich Schinkels, der Einfallsreichtum der Möbelentwürfe Josef Danhausers und die handwerkliche und künstlerische Vollendung der Glasarbeiten Anton Kothgassers sind – jedes Werk für sich betrachtet – hervorragende Beweise für außergewöhnliche Kreativität.

Nebenbei wird uns Einblick gewährt in die Denkweise einer Gesellschaft, die in vieler Hinsicht als Prototyp der modernen westlichen Gesellschaften angesehen werden kann und den Verlauf der Geschichte in den folgenden Jahrzehnten entscheidend beeinflussen sollte.

# INDEX

## I



## J



## K



## L



## M



## N



## O



## P



## R



## S

## T



## U



## V



## W



## Z